全身性障害者の
外出支援ハンドブック

ガイドヘルプの基本と実践

対応研修：
全身性障害者移動支援従業者養成研修
重度訪問介護従業者養成研修

第4版

日本医療企画

都道府県等においては、「移動支援従業者」の用語が用いられていますが、本テキストでは、一般に広く用いられている「ガイドヘルパー」の用語を使用しています。

はじめに

　わが国の介護サービスは、2000（平成12）年の介護保険制度の導入により「措置」から「契約」へと転換されました。これにともない、サービスも利用者主体となり「自己選択」「自己決定」が推進される仕組みになりました。このノーマライゼーション理念の実現を目指した制度改革は、サービス利用者や福祉関係者のみならず、日本国民の福祉意識も大きく転換させてきたといえるでしょう。

　障害者福祉においても、在宅福祉・地域福祉が推進され、2003（平成15）年の「支援費制度」導入や2005（平成17）年の「障害者自立支援法」の成立によって、障害者が自分らしく自立し、主体的に日常生活を営むための制度改革が展開されました。さらに、2013（平成25）年には「障害者自立支援法」の名称が「障害者総合支援法」に変更され、サービスの対象の拡大などもなされました。このように高齢者福祉分野・障害者福祉分野ともに利用者が主体的にサービスを利用できる仕組みが取り入れられ、生活の質（QOL）の追求が福祉実践の重要な課題として位置づけられてきたのです。

　本書は、上記の課題の達成を目指し、障害者の外出をサポートする専門職だけではなく、家族介護者やボランティアなど、移動介助にかかわる多くの方に活用していただくことを目的に作成しました。また、本書は「全身性障害者移動支援従業者」及び「重度訪問介護従業者」の研修にも対応しています。

　障害者のガイドヘルプにかかわる際は、サービス利用者の心身状態を理解したうえで、臨機応変に対応する援助実践力を養わなければなりません。本書が障害者のガイドヘルプ及び生活支援にかかわるすべての人びとのスキルアップと利用者の生活の質の向上に役立つことができれば幸いです。

　なお、現在「障がい」という表現を使うことで障害のイメージを変革していこうという動きがありますが、制度上「障害」の文言が使われていることから、「障害」の文言を使用させていただきました。ご了承いただければ幸いに存じます。

　本書が援助者の技術向上だけでなく、人間性や倫理観の養成にも役立ち、誰もが自分らしく幸せに暮らせる地域づくりが推進されることを心より願っています。

2019年1月

植草学園短期大学教授　松井奈美

全身性障害者の外出支援ハンドブック ● 目 次

第1章　障害者福祉に関する制度及びサービス

Ⅰ　ガイドヘルパーの制度と業務　1
§1　ガイドヘルパー制度　1
　A　ガイドヘルパー制度の歴史　1
§2　ガイドヘルパーの業務　3
　A　基本的サービス　6
　B　利用者個々の必要性に応じたサービス　6

Ⅱ　障害者（児）福祉の制度とサービス　7
§1　障害者自立支援法創設と障害者総合支援法の背景　7
　A　障害者自立支援法成立までの経緯　7
　B　障害者自立支援法から障害者総合支援法へ　8
　C　介護保険制度と障害者総合支援法の関係　12
§2　障害者総合支援法とは　12
　A　障害者総合支援法の概要　12
　B　制度とサービスの実際　14

第2章　身体障害者ホームヘルプサービスに関する知識

Ⅰ　ホームヘルプサービス概論　21
§1　居宅介護従業者　21
　A　居宅介護従業者　21
　B　障害者総合支援法における「居宅介護」とは　25
　C　資格を取得するにあたって　25
§2　ホームヘルプサービスの業務と社会的役割　25

Ⅱ　ホームヘルパーの職業倫理　27
§1　介護職の倫理綱領とは　27
§2　在宅介護実践におけるホームヘルパーの職業倫理　31

第3章　障害・疾病の理解について

Ⅰ　障害（肢体不自由）の概念　33
§1　運動機能障害者の日常生活における不自由さ　33
　A　肢体不自由とはどのようなことでしょうか？　33
　B　まひのいろいろな種類　35
§2　身体障害者の障害の基準と定義　36
　A　肢体不自由の定義　36
§3　全身性障害者の定義・範囲について　40

Ⅱ　障害・疾病の理解について　　42
§1　障害（肢体不自由）の原因となる疾患　　42
- A　脳血管障害（脳卒中）　　42
- B　脳性まひ　　45
- C　脊髄損傷　　46
- D　関節リウマチ　　47
- E　パーキンソン病　　49
- F　進行性筋ジストロフィー症　　50
- G　筋萎縮性側索硬化症（ALS）　　51

第4章　障害者をとりまく社会環境
Ⅰ　障害者の環境の移り変わり　　53
§1　障害の多様化　　53
- A　障害者の高齢化　　53
- B　障害の重度化と重複化　　55
- C　高齢化と日常生活動作　　56

§2　障害者に対する社会のイメージ　　57
- A　障害者への偏見と「心のバリア」　　57
- B　「社会的不利」から「生活機能」の拡大へ　　57
- C　バリアフリーへの取り組みと進展　　59
- D　障害者の社会参加活動　　60

Ⅱ　医療関係の基礎知識
§1　医療制度の基礎　　63
§2　在宅看護の基礎　　65
§3　介護保険法における特定疾病　　67
§4　医療・介護の連携　　69
§5　非医行為の範囲　　72
§6　体温測定・血圧測定・薬の飲み方と保管方法　　74
§7　医療機器・医療用具の使用目的や使用上の留意点　　77

第5章　障害者の心理とその支援
Ⅰ　先天的な障害と後天的な障害　　79
§1　先天性障害者の心理　　80
§2　中途障害者の心理　　81
Ⅱ　援助者としてのコミュニケーション　　82

§1	障害者援助とコミュニケーション	83
§2	利用者への接し方と介助のポイント	84
	A　コミュニケーションの大切なポイント	84
	B　コミュニケーション障害における介助者の対応	84
	C　意思伝達装置	87

第6章　移動介助のまえに知っておきたい基礎知識

Ⅰ	**移動と移乗**	**91**
§1	移動の動作とその手段（種類）のいろいろ	91
	A　立つことと歩くことは移動の基本	91
	B　杖などの歩行用具を使って	93
	C　補装具として多用される下肢装具	93
	D　体幹固定ベルト	94
	E　移乗器具	94
§2	車いすを使った移動にあたって	96
	A　車いすのしくみと種類	97
	B　手動車いすの構造と各部位の名称	98
	C　電動車いすの特徴と介助の留意点	100
	D　重度脳性まひ者用車いすの特徴と介助の留意点	100
Ⅱ	**移動介助の準備とガイドヘルパーの心がまえ**	**101**
§1	外出の準備として大切なこと	101
	A　外出の目的・経路・時間と緊急連絡先	101
	B　外出時に必要な持ちものを確認します	102
	C　車いすの状態、利用者の健康状態の確認も	103
	D　事故防止のためには、両手が空いている状態が基本	103
§2	利用者への理解とガイドヘルパーのあり方	104
	A　行動の主体は利用者です	104
	B　プライバシーと守秘義務の尊重	104
	C　利用者への言葉づかい・接し方	105
	D　障害の理解	105
	E　利用者の力を活用する	105
	F　安全の確保のためにはゆとりのある行動を	107
	G　金銭管理は基本的に利用者本人にしてもらいます	108

第7章　移動介助にかかわる技術

目次

Ⅰ 姿勢の保持と変換について　111
§1 安定した姿勢をとり続けることの大切さ　111
- A 障害者にとって姿勢をつくることの意味　112
- B 基本的な姿勢の種類と座位の安定について　113
- C 姿勢保持・修正の留意点と起こりやすい問題　115

§2 姿勢の保持・修正と変換について　118
- A 仰向けから横向きにする（寝返りをうってもらう）　119
- B 身体を起こす方法　123
- C ベッドの端に腰をかける方法　126

Ⅱ 移乗介助の基本　129
§1 移乗動作のしくみ　129
§2 移乗介助の原則　129

Ⅲ 移乗介助の技術　130
§1 下肢に力が入る人の移乗介助（一部介助）　131
- A 床と車いす間の移乗介助を1人の介助者で行う場合　131
- B 2人の介助者で行う場合　132
- C ベッドから車いすへの移乗（下肢対まひ：自立型）　133
- D ベッドと車いす間（1人の介助者で行う場合）　134
- E 車いすとトイレの間　136

§2 下半身まひ等で下肢に力が入らない人の移乗介助（全介助）　136
- A 車いすとベッド間の移乗介助を1人の介助者で行う場合　137
- B ベッドから車いすへの移乗①（下肢対まひ：全介助型1）　138
- C ベッドから車いすへの移乗②（下肢対まひ：全介助型2）　139
- D 車いすとベッド間の移乗介助を2人の介助者で行う場合　139

Ⅳ 移動介助の基本　141
§1 車いすの取り扱い方法　141
- A 車いすの点検と対処のポイント　141
- B 車いすの取り扱い　142

§2 車いすの基本操作　144
- A ブレーキの操作　144
- B キャスタの操作　145
- C 車いすを方向転換させるとき　145
- D 坂道を上るとき、下るとき　147

§3 車いす上での姿勢を修正するとき　149
- A 車いすにおける座位姿勢　149

		B 座位姿勢の修正	150
V		**移動介助の実践**	**153**
	§1	道路での移動介助の心得	153
		A 舗装された道路	153
		B 舗装されていない道路	155
		C 横断歩道を渡るとき	156
		D 溝を越えるとき	157
		E 踏切の通過	158
		F 混雑した場所・狭い通路の通過	160
	§2	階段の昇降	161
		A 階段を上がるときの介助	161
		B 階段を下りるときの介助	166
		C 利用者が車いすを降りて階段の昇降を行う場合	166
		D 階段昇降機の利用	167
	§3	エレベーター・エスカレーターでの移動	168
		A エレベーターを使って移動するとき	168
		B エスカレーターを使って移動するとき	170
	§4	交通機関の利用	174
		A バス	174
		B タクシーの利用と障害者割引	175
		C 電車	176
		D 飛行機	179

第8章　その他の介助

Ⅰ		**着替えの介助**	**181**
	§1	外出に適した衣服	181
		A 衣服を選ぶポイント	181
		B 外出時に携帯するとよい衣類	182
	§2	衣服着脱介助の方法	182
		A 上衣を着替える	182
		B 下衣を着替える	184
Ⅱ		**天気への対応**	**184**
	§1	気温の変化	184
		A 利用者の立場を考慮した状況判断	184
		B やむを得ず雨の中を移動する際には	185

Ⅲ		食事の介助	**186**
	§1	誤嚥や窒息などを防ぐ食事の正しい姿勢	186
	§2	障害の状態に合わせた食器の利用	187
	§3	障害に合わせた食物形態	187
	§4	外出先での食事介助の留意点	188
		A　野外での食事は次の点に注意しましょう	189
		B　レストラン等での食事は下調べも大事です	189
Ⅳ		排泄の介助	**190**
	§1	排泄介助を受ける障害者の心理	190
	§2	介助を行う際の心理的配慮	191
	§3	排泄介助の具体的な方法	191
		A　排泄手段のいろいろ	191
		B　排泄介助の方法	192
Ⅴ		生活（清拭、洗髪、口腔ケア等）の介護	
	§1	清拭	195
		A　全身清拭	196
		B　顔から耳の清拭	197
		C　上肢の清拭	198
		D　前胸部の清拭	198
		E　腹部の清拭	199
		F　下肢の清拭	199
		G　背部・臀部の清拭	199
		H　陰部の清拭	200
		I　陰部洗浄	200
	§2	洗髪	201
	§3	口腔ケア	204

第9章　緊急時の対応

Ⅰ	アクシデントが発生した場合の対応	**207**
Ⅱ	応急処置	**209**
	A　心肺蘇生法	209
	B　気道内異物の除去	210
	C　脳血管障害（脳卒中）	210
	D　骨折	210
	E　中毒	211
	F　熱中症	211

全身性障害者の移動介助

①移動介助の目的

　利用者のYさん(62歳・女性)は2年前から背髄損傷により下肢にまひがあります。

　この日は、ガイドヘルパーのOさん(32歳・女性)の介助を受けてE市まで食事と買い物に出かけることになりました。

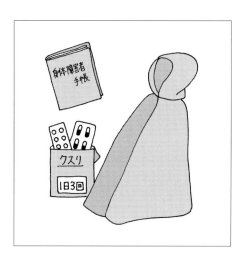

②目的地までの経路や持ちもの確認

　Oさんは移動介助の安全性と効率を確保するために、その日の経路と時間配分、必要な持ちものなどを確認しました。車いすを使っての移動は、交通機関の混雑状況や坂道や階段の有無等の道路事情、エスカレーターやエレベーターの使用等により、1日の行動予定が大きく変わってきます。

（102頁参照）

③健康状態のチェックにも留意します

　車いすを使っての移動介助では、利用者の健康状態にも留意する必要があります。

　Oさんは前もってYさんの障害や病状の経過を理解し、家族の方やかかりつけの医師との連絡方法も調べておきました。

（103頁参照）

▶▶ある日の全身性障害者の1日を見てみましょう。利用者のYさんとガイドヘルパーのOさんは、E市へ出かけました。ガイドヘルパーの介助の具体的な説明は各参照頁をご覧ください。

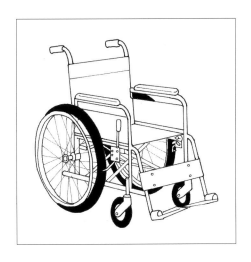

④車いすの点検とチェック

　Oさんは、安全な移動介助のためには、車いすの点検・チェックも怠りません。背もたれ等フレームの接続やタイヤの空気、グリップの固定、ブレーキの効き具合、リクライニング機能等は利用者の安全確保に影響を与えます。車いすの装備や個々の工夫はYさんの姿勢保持・修正にもかかわってきます。

（103頁、141～143頁参照）

⑤ベッドから車いすへ

　まずは、ベッドから車いすへの移乗です。「起きますよ」。OさんはYさんの手前側のわきの下から手を入れて、もう一方の手を肩からひじにまわし、Yさんに起き上がる合図をしてからゆっくり起こします。

（123～128頁、131～135頁参照）

⑥車いすはゆっくり歩く程度の速さで

　車いすの速度はゆっくり歩く程度の速さで押していきます。OさんはYさんの同意を得て速度を調整し、健康状態や路面の状況で車いすの揺れが多いときには速度を落とします。足の踏ん張りの効かない人では、車いすの揺れや路面の傾斜によって足が車いすから落ちてしまう場合もあるので注意が必要です。

（144～149頁、153～155頁参照）

⑦利用者の姿勢が傾いたら

　少し傾斜のある道路を移動するとき、Yさんの身体が少しずつ傾いてきました。Oさんは傾斜の下側の手をグリップから離し、Yさんの肩に手を添えて身体を支えました。グリップは片手で支えていますから、その手を離さないように注意が必要です。

（149〜151頁、154〜155頁参照）

⑧安全の確認と配慮

　道路の横断では自動車や人との衝突を避けるという基本的な安全確保のほか、段差の昇降、路面の傾斜、利用者の姿勢保持、踏切、交差点の信号等さまざまな配慮が必要です。

（153〜160頁参照）

⑨混雑した場所や狭い場所の姿勢修正

　商店街を抜けて駅前広場の混雑のなかに出たとき、OさんはYさんのひじが車いすから少しとび出ていることに気がつきました。通行人と接触を起こした場合には転倒のもとになったり、道路の障害物に当たってしまう恐れもあります。一旦停車し、Oさんは「Yさん、ひじの位置を直しましょう」と声かけをしてから、Yさんの姿勢を修正しました。　　　　（160〜161頁参照）

全身性障害者の移動介助

⑩階段の昇降のとき

　E市行きのバスターミナルは駅の向こう側のため、階段を上って駅舎を横切る必要があります。OさんはボランティアのD君とK君にあらかじめ協力を依頼しています。

　3人で車いすを持ち上げて昇降することになりました。前方に2人、後方に1人がつき、車いすは前向きで上がります。

（161～167頁参照）

⑪バスや電車に乗るとき

　バスの乗降口にあるステップは狭くて傾斜が急なものが多く、わずか数段でも通常の階段より危険がともないます。

　Oさんは事前にバスの時刻表をチェックし、「低床型ノンステップバス」が走る時間を調べておきました。このタイプは乗降口にステップがなく、より安全です。また、電車に乗る際はホーム上では障害物や人と接触しないように気をつけ、なるべくホームの中央を移動します。

（174～179頁参照）

⑫レストランに入る

　ボランティアの仲間たちが集う目的のイタリアンレストランに到着。Yさんはピザが大好物です。店の人への料理の注文はYさん自身にしてもらいました。

　食事の際にはいろいろな自助具を利用して、時間をかけてゆっくりと食べるようにします。

（186～189頁参照）

全身性障害者の移動介助

⑬トイレでの排泄介助

食事と歓談は長きに及び、YさんもOさんもトイレに行きたくなりました。「一緒に行きましょう」とYさんがいいました。車いすを便器に移乗しやすい位置につけ、ブレーキをかけてしっかり止めます。Oさんは、Yさんの身体を支え、横に移動するように便器に腰を下ろしてもらいました。

（190～195頁参照）

⑭百貨店でエスカレーターに

食事のあと、Yさんが楽しみにしていたのはパソコンの買い物です。いつもエレベーターを使いますが、今日はエスカレーターで3階の売り場まで上がることになりました（イラストは3段分のステップを平らな状態で動くようにしたもの）。

車いすを前向きの状態で停止させ、Oさんが「乗りましょう」と声をかけました。Yさんは下方に移動し、車いすを支えます。

（170～174頁参照）

⑮パソコン売り場で

Yさんは念願のパソコンを手に入れることができました。これで日記もつけられますし、インターネットの活用やメールを使って仲間たちとの語らいも自由にできます。「家にいても外出できるのと同じ」とYさん。今日、帰宅したら早速Oさんや仲間たちにメールを出すと上機嫌です。

第1章 障害者福祉に関する制度及びサービス

I ガイドヘルパーの制度と業務

§1 ガイドヘルパー制度

A ガイドヘルパー制度の歴史

(1) 障害者の社会参加

　障害者の外出をサポートするガイドヘルパー制度が創設されたのは、1974（昭和49）年のことです。身体障害者地域福祉活動促進事業の拡大により「盲人ガイドヘルパー派遣事業」が導入され、単独歩行ができないでいた盲人に自由に外出できるという喜びを与えました。この事業は1979（昭和54）年には障害者社会参加促進事業の1つとなりました。

　1981（昭和56）年に実施された国際障害者年の基本理念で「社会への完全参加と平等」がうたわれるとともに、「脳性まひ者等ガイドヘルパー派遣事業」がさらに、障害者社会参加促進事業に加えられることとなりました。これにより、ガイドヘルパー制度を利用して外出する障害者がより多くなったものの、「社会生活上の外出が必要不可欠な場合」の支援に重きが置かれ、現実には社会参加促進のための外出は、まだサービスの対象外でした。

　当時の業務内容のなかで、現行と相違している点を次にあげます（図表1-1、図表1-2。現行の制度については次項（2）以降を参照）。

　1988（昭和63）年に、「家庭奉仕員派遣事業」にならい応能負担が導入された

ことで、地域生活を送る視覚障害者等の日常生活を支えるための重要な役割をもち、また制度としての充実が図られるようになりました。

■図表1-1　盲人ガイドヘルパー派遣事業

①実施主体：都道府県および市（ただし、事業の一部を身体障害者福祉団体等に委託可能）。
②派遣対象：市町村、福祉事務所等の公的機関および医療機関等に行くなどの、社会生活上の外出が必要不可欠な場合に適当な付き添いが得られない、低所得世帯に属する重度視覚障害者。

■図表1-2　脳性まひ者等ガイドヘルパー派遣事業

①実施主体：都道府県および市（ただし、事業の一部を身体障害者福祉団体等に委託可能）。
②派遣対象：重度の身体機能障害のために、単独での外出が困難な脳性まひ者等全身性障害者。また、市町村、福祉事務所等の公的機関および医療機関等に行くなどの、社会生活上の外出が必要不可欠な場合に適当な付き添いが得られない者。
③ガイドヘルパーの条件：派遣が必要であると認定した障害者の推薦によって実施主体が適当であると認め、登録した者。ただし、障害者が推薦しない場合は、実施主体がすでに登録してあるガイドヘルパーのなかから選定される。
④ガイドヘルパー派遣介助券：1回半日単位で、ガイドヘルパー派遣の必要が認められた場合に交付される。月10回を限度とする一括交付は、実施主体が必要と認めた場合のみ。

（2）高齢社会

　高齢社会となり、高齢になってからの視覚障害者が増えたことや、核家族化の進行により、ガイドヘルパーの需要を含めた介護のニーズが膨らんでいます。

2016（平成28）年に実施された「生活のしづらさなどに関する調査（全国在宅障害児・者等実態調査）」によれば、身体障害者手帳所持者のうち65歳以上は約73％となっており、10人に7人が高齢であるという事実が明らかになりました。

高齢者の場合は、視覚障害以外の疾病等を抱えるケースも多く、医療機関への通院も頻繁になります。したがって、ガイドヘルパーは介護職として、身近で命を預かり護るという重要な役目を果たさなくてはならなくなりました。

なお、障害者自立支援法（現・障害者総合支援法）の改正により、2011（平成23）年10月に「同行援護」が創設されました。現在、重度の視覚障害者等に移動の援護を行うサービスは、自立支援給付での同行援護と地域生活支援事業での移動支援の２つが該当します。また、重度の脳性まひ等肢体不自由者（全身性障害者）への外出支援としては、自立支援給付での重度訪問介護や地域生活支援事業での移動支援が行われています（§２参照）。

§2 ガイドヘルパーの業務

外出時の移動介護サービスを提供するのが外出支援事業です。その対象者は、視覚障害、全身性障害、知的障害、精神障害などにより、市町村が外出時に移動の支援が必要であると認めた者となっています。

ガイドヘルプは、自宅でお迎えして自宅に送り届けるばかりではなく、視覚障害者の場合、最寄り駅から目的地までで終わることもあります。

利用者が市町村や福祉事務所等の公的機関に行くなどの必要不可欠な外出のほか、社会参加活動に必要な外出もサービス対象となります。社会参加活動には、映画や観劇などの娯楽要素のあるものも含まれています。このような余暇活動については、利用上限がある場合もありますが、ガイドヘルプは、障害者が積極的に社会活動に参加できる一助となっています。

一方、サービスの対象とならないのは、通勤、営業活動等の経済的活動に関する外出や通学等の通年かつ長期にわたる外出、社会通念上この制度の適用が適当でない外出の場合となっています。

第1章 障害者福祉に関する制度及びサービス

　障害者総合支援法に規定される外出支援サービスは下記のとおりです。専門職としてサービスに従事する場合は養成研修を受ける必要があります。参考に

■図表1-3　重度訪問介護従業者養成研修カリキュラム

※厚生労働大臣が定める研修の修了者には受講科目の免除がある

●重度訪問介護従業者養成研修（基礎課程）　10時間
（目的）重度の肢体不自由者であって、常時介護を要する障害者等に対する入浴、排せつ及び食事等の介護、調理、洗濯及び掃除等の家事並びに外出時における移動中の介護に関する基礎的な知識及び技術を習得すること

区分	科目	時間数
講義	ア　重度の肢体不自由者の地域生活等に関する講義	2
講義	イ　基礎的な介護技術に関する講義	1
実習	ア　基礎的な介護と重度の肢体不自由者とのコミュニケーションの技術に関する実習	5
実習	イ　外出中の介護技術に関する実習	2

●重度訪問介護従業者養成研修（追加課程）　10時間
（目的）基礎課程において習得した知識及び技術を深めるとともに、特に重度の障害者等に対する緊急時の対応等に関する知識及び技術を習得すること

区分	科目	時間数
講義	ア　医療的ケアを必要とする重度訪問介護利用者の障害及び支援に関する講義	4
講義	イ　コミュニケーションの技術に関する講義	2
講義	ウ　緊急時の対応及び危険防止に関する講義	1
実習	ア　重度の肢体不自由者の介護サービス提供現場での実習	3

●重度訪問介護従業者養成研修（統合課程）　20.5時間
（目的）重度訪問介護従業者養成研修基礎課程、追加課程並びに「社会福祉士及び介護福祉士法施行規則」附則第4条及び第13条に係る別表第3第1号に定める基本研修を統合したもの

区分	科目	時間数
講義	ア　重度の肢体不自由者の地域生活等に関する講義	2
講義	イ　基礎的な介護技術に関する講義	1
講義	ウ　コミュニケーションの技術に関する講義	2
講義	エ　喀痰吸引を必要とする重度障害者の障害と支援に関する講義・緊急時の対応及び危険防止に関する講義①	3
講義	オ　経管栄養を必要とする重度障害者の障害と支援に関する講義・緊急時の対応及び危険防止に関する講義②	3
演習	ア　喀痰吸引等に関する演習	1
実習	ア　基礎的な介護と重度の肢体不自由者とのコミュニケーションの技術に関する実習	3
実習	イ　外出中の介護技術に関する実習	2
実習	ウ　重度の肢体不自由者の介護サービス提供現場での実習	3.5

（「東京都障害者居宅介護従事者基礎研修等事業実施要綱」令和2年11月7日）

カリキュラムの内容を示します（図表1-3、図表1-4参照）。

・同行援護

　視覚障害により移動に著しい困難を生じる人の外出支援を行うサービス。

・行動援護

　知的障害又は精神障害の人の外出支援を行うサービス。

・重度訪問介護（図表1-3）

　重度の肢体不自由者、知的障害者、精神障害者に対するサービスの一環として提供。

・居宅介護

　規定のサービスのうち、通院等介助、通院等乗降介助が該当。

・移動支援事業（図表1-4）

　「地域生活支援事業」におけるサービスの1つとして、障害者等が円滑に外出するための移動の支援を行う事業。具体的なサービス内容や実施方法などは、各市町村により異なります。

■図表1-4　障害者（児）移動支援従業者養成研修カリキュラム
●全身性障害者移動支援従業者養成研修課程　16時間
（目的）全身性の障害者（児）に対する外出時における移動の介護に関する知識及び技術を修得すること

区分	科目		時間数
講義	ア　障害者福祉に関する制度及びサービス		
		（ア）　ガイドヘルパーの制度と業務	1
		（イ）　障害者（児）福祉の制度とサービス	2
	イ　身体障害者ホームヘルプサービスに関する知識		
		（ア）　ホームヘルプサービス概論	2
		（イ）　ホームヘルパーの職業倫理	1
	ウ　サービス利用者の理解		
		（ア）　全身性障害者の疾病・障害の理解	2
		（イ）　障害者（児）の心理	1
	エ　移動支援の基礎知識		3
演習	車椅子での移動の支援に係る技術		
	ア　基礎的な介護技術		1
	イ　移動支援の方法		3

※厚生労働大臣が定める研修の修了者には受講科目の免除がある
（「東京都障害者（児）移動支援従業者養成研修事業実施要綱」平成28年1月25日）

A 基本的サービス

　外出支援事業で行うサービスとしては、まず、移動介護サービスの利用者との待ち合わせから始まります。待ち合わせ場所は利用者の住居にするのが一般的です。ときには、利用者、外出支援を行う人ともによく知っている場所で待ち合わせる場合もあります。なお、待ち合わせ場所で顔を合わせた利用者に対して、外出支援の際は次の項目を確認しなければなりません（**図表1-5**）。

■図表1-5　確認項目

健康チェック	・顔の表情　・体温　・発汗　・全体の状態
外出の準備状況	・介護用具　・補装具

　次に、外出に耐えられる状態かどうかを本人に確認します。待ち合わせ場所が住居である場合は、利用者の家族にも確認をします。利用者が一人暮らしの場合は火の元や戸締まりをチェックして安全確認をします。

B 利用者個々の必要性に応じたサービス

　利用者によって、外出の目的も行き先も違ってくるわけですから、それに応じた次のような介護や介助が必要になります。

　全身性障害者への移動介護サービス提供時の付帯的サービスとして考えられる内容は以下のとおりです。

　①車いすの座位姿勢の修正など
　②トイレへの移乗介助、排せつの介助など
　③状況の変化に対応した更衣介助など

　また、視覚障害者への移動介護サービス提供時の付帯的サービスとしての内容は、次のようなことが考えられます。

　①食事の際のメニューの代読、配膳の説明など
　②トイレへの移動介助など
　③買い物等の際の商品の材質等の説明・値段表の代読など

II 障害者（児）福祉の制度とサービス

§1 障害者自立支援法創設と障害者総合支援法の背景

A 障害者自立支援法成立までの経緯

　2000（平成12）年4月、「措置から契約へ」を1つのキャッチフレーズとして、高齢者福祉において新たな理念を掲げ、介護保険制度が始まりました。以後、その「措置から契約へ」という考え方は、障害者福祉サービスの分野にも応用されていきます。そのような動きを反映して、障害者自立支援法が成立し、2006（平成18）年4月から施行されました。2012（平成24）年、障害者自立支援法は大幅な改正が行われ、名称も「障害者の日常生活及び社会生活を総合的に支援するための法律」（略称「障害者総合支援法」）に改められたうえで、その一部の条項は2013（平成25）年4月から、主要な条項は2014（平成26）年4月から施行されています。

　障害者自立支援法が2006年に施行されるまで障害者福祉サービスは、身体障害、知的障害、精神障害という障害別及び年齢別に提供されてきました。

　2016（平成28）年に行われた「生活のしづらさなどに関する調査（全国在宅身体障害児・者等実態調査）」（厚生労働省）によると障害者の総数はおよそ593.2万人（障害者手帳所持者559.4万人、うち身体障害者手帳428.7万人、療育手帳96.2万人、精神障害者保健福祉手帳84.1万人）となっています。

　障害者自立支援法では、複雑に組み合わされてきた福祉サービスや就労支援などに関する制度的な枠組みを、基本的に身体障害、知的障害、精神障害の3障害共通のものとする考えに立って検討されました。ただし、それぞれの障害特性に配慮するためには、従来からの身体障害者福祉法、知的障害者福祉法、児童福祉法等に基づく制度も必要となります。したがって、個々の制度に共通する部分を障害者自立支援法上に規定するというかたちで法案づくりが進められました。

利用者負担に対する反対意見や、応能負担か応益負担かで議論されるなど、障害者の自己負担についてはさまざまな意見が出されましたが、最終的には23項目の附帯決議がなされたうえで、2005（平成17）年10月31日に成立。同年11月7日に公布され、一部の規定を除き、2006年4月1日から施行されました。

2009（平成21）年9月に政権交代があり障害者自立支援法は廃止する方向が打ち出されました。しかし実際、新たな法律はすぐには制定できませんでした。そこで、2010（平成22）年12月、障害者自立支援法において早急な改善が必要な事項に焦点を絞り、その部分の改正を目的とした「障がい者制度改革推進本部等における検討を踏まえて障害保健福祉施策を見直すまでの間において障害者等の地域生活を支援するための関係法律の整備に関する法律」を成立させました。

それにより、障害者自立支援法などが大幅に改正されました。その主な改正点は次のとおりです。

①利用者負担は、応能負担を原則とする
②発達障害が障害者自立支援法の対象となることを明確にする
③障害福祉サービスにおいて「同行援護」を創設する

これらの改正は、同法律の公布日の2010年12月10日に一部が施行、2012（平成24）年4月から全面施行されました。

B 障害者自立支援法から障害者総合支援法へ

参議院が与野党逆転していることなどの政治状況もあって、政府・与党は結局、障害者自立支援法の廃止や新法の制定ができず、2012（平成24）年の通常国会で「地域社会における共生の実現に向けて新たな障害保健福祉施策を講ずるための関係法律の整備に関する法律」を成立させ（同年6月27日公布）、障害者自立支援法をはじめとして児童福祉法、身体障害者福祉法、知的障害者福祉法などを一括して改正しました。また、障害者自立支援法については「障害者の日常生活及び社会生活を総合的に支援するための法律」（略称「障害者総合支援法」）に題名が変更されました。

障害者総合支援法の施行は、2013（平成25）年4月1日と2014（平成26）年4

月1日の2段階で行われました。また、法の施行後3年にあたる2016（平成28）年3月までを目途に、さまざまなサービス、支援のあり方について検討がなされることになりました。その施行の時期、主要な内容は、次のとおりです。

2013年4月1日からは、(1)障害者の範囲に難病等を追加、(2)地域生活支援事業の追加、(3)サービス基盤の計画的整備、などが施行されました。

2014年4月1日からは、(1)障害者自立支援法に基づく現行の「障害程度区分」を「障害支援区分」に改める、(2)重度訪問介護の対象拡大、(3)共同生活介護（ケアホーム）を共同生活援助（グループホーム）へ一元化、(4)地域移行支援の対象拡大、などが施行されています。

法の施行後3年を目途に、(1)常時介護を要する障害者等に対する支援、障害者等の移動の支援、就労の支援、その他サービスのあり方、(2)支給決定のあり方、(3)障害者の意思決定支援のあり方、成年後見制度の利用促進のあり方、(4)手話通訳等を行う者の派遣、聴覚・言語機能・音声機能その他の障害のため意思疎通を図ることに支障がある障害者等に対する支援のあり方、(5)精神障害者、高齢の障害者に対する支援のあり方、などについて検討されました。そして、3年間の施行状況を踏まえ、見直しの基本的な考え方を（1）新たな地域生活の展開、（2）障害者のニーズに対するよりきめ細かな対応、（3）質の高いサービスを持続的に利用できる環境整備、として対応していくことになりました。

2013年度の段階では、国が難治性疾患克服研究事業の対象としている130疾患を「難病」としたうえで、これらの疾患の患者が「障害者」の範囲に加わったことが、大きな改正となりました。

2015年1月に施行された難病の患者に対する医療等に関する法律および児童福祉法の一部改正法に伴う指定難病及び小児慢性特定疾病の対象疾病の検討を踏まえ、障害者総合支援法対象疾病検討会が設置され、対象疾病に関する見直しが行われました。2015年1月より障害者総合支援法の対象となる難病等の範囲が第1次対象疾病として151疾病に拡大されました。その後さらに対象疾病の範囲は拡大し、平成27年7月（第2次）に332疾病、平成29年4月（第3次）に358疾病、平成30年4月（第4次）に359疾病、令和元年7月（第5次）に361疾病となっています（図表1-6）。

第1章 障害者福祉に関する制度及びサービス

■図表1-6 障害者総合支援法の対象疾病一覧
令和元年7月1日からの障害者総合支援法の対象疾病一覧（361疾病）

※ 新たに対象となる疾病（3疾病）
△ 表記が変更された疾病（1疾病）
○ 障害者総合支援法独自の対象疾病（29疾病）

番号	疾病名	番号	疾病名	番号	疾病名
1	アイカルディ症候群	64	偽性副甲状腺機能低下症	127	鰓耳腎症候群
2	アイザックス症候群	65	ギャロウェイ・モワト症候群	128	再生不良性貧血
3	IgA腎症	66	急性壊死性脳症	129	サイトメガロウィルス角膜内皮炎 ○
4	IgG4関連疾患	67	急性網膜壊死 ○	130	再発性多発軟骨炎
5	亜急性硬化性全脳炎	68	球脊髄性筋萎縮症	131	左心低形成症候群
6	アジソン病	69	急速進行性糸球体腎炎	132	サルコイドーシス
7	アッシャー症候群	70	強直性脊椎炎	133	三尖弁閉鎖症
8	アトピー性脊髄炎	71	巨細胞性動脈炎	134	三頭酵素欠損症
9	アペール症候群	72	巨大静脈奇形（頚部口腔咽頭びまん性病変）	135	CFC症候群
10	アミロイドーシス	73	巨大動静脈奇形（頚部顔面又は四肢病変）	136	シェーグレン症候群
11	アラジール症候群	74	巨大膀胱短小結腸腸管蠕動不全症	137	色素性乾皮症
12	アルポート症候群	75	巨大リンパ管奇形（頚部顔面病変）	138	自己貪食空胞性ミオパチー
13	アレキサンダー病	76	筋萎縮性側索硬化症	139	自己免疫性肝炎
14	アンジェルマン症候群	77	筋型糖原病	140	自己免疫性後天性凝固因子欠乏症
15	アントレー・ビクスラー症候群	78	筋ジストロフィー	141	自己免疫性溶血性貧血
16	イソ吉草酸血症	79	クッシング病	142	四肢形成不全 ○
17	一次性ネフローゼ症候群	80	クリオピリン関連周期熱症候群	143	シトステロール血症
18	一次性膜性増殖性糸球体腎炎	81	クリッペル・トレノネー・ウェーバー症候群	144	シトリン欠損症
19	1p36欠失症候群	82	クルーゾン症候群	145	紫斑病性腎炎
20	遺伝性自己炎症疾患	83	グルコーストランスポーター1欠損症	146	脂肪萎縮症
21	遺伝性ジストニア	84	グルタル酸血症1型	147	若年性特発性関節炎
22	遺伝性周期性四肢麻痺	85	グルタル酸血症2型	148	若年性肺気腫
23	遺伝性膵炎	86	クロウ・深瀬症候群	149	シャルコー・マリー・トゥース病
24	遺伝性鉄芽球性貧血	87	クローン病	150	重症筋無力症
25	ウィーバー症候群	88	クロンカイト・カナダ症候群	151	修正大血管転位症
26	ウィリアムズ症候群	89	痙攣重積型（二相性）急性脳症	152	ジュベール症候群関連疾患
27	ウィルソン病	90	結節性硬化症	153	シュワルツ・ヤンペル症候群
28	ウエスト症候群	91	結節性多発動脈炎	154	徐波睡眠期持続性棘徐波を示すてんかん性脳症
29	ウェルナー症候群	92	血栓性血小板減少性紫斑病	155	神経細胞移動異常症
30	ウォルフラム症候群	93	限局性皮質異形成	156	神経軸索スフェロイド形成を伴う遺伝性びまん性白質脳症
31	ウルリッヒ病	94	原発性局所多汗症 ○	157	神経線維腫症
32	HTLV-1関連脊髄症	95	原発性硬化性胆管炎	158	神経フェリチン症
33	ATR-X症候群	96	原発性高脂血症	159	神経有棘赤血球症
34	ADH分泌異常症	97	原発性側索硬化症	160	進行性核上性麻痺
35	エーラス・ダンロス症候群	98	原発性胆汁性胆管炎	161	進行性骨化性線維異形成症
36	エプスタイン症候群	99	原発性免疫不全症候群	162	進行性多巣性白質脳症
37	エプスタイン病	100	顕微鏡的大腸炎 ○	163	進行性白質脳症
38	エマヌエル症候群	101	顕微鏡的多発血管炎	164	進行性ミオクローヌスてんかん
39	遠位型ミオパチー	102	高IgD症候群	165	心室中隔欠損を伴う肺動脈閉鎖症
40	円錐角膜 ○	103	好酸球性消化管疾患	166	心室中隔欠損を伴わない肺動脈閉鎖症
41	黄色靭帯骨化症	104	好酸球性多発血管炎性肉芽腫症	167	スタージ・ウェーバー症候群
42	黄斑ジストロフィー	105	好酸球性副鼻腔炎	168	スティーヴンス・ジョンソン症候群
43	大田原症候群	106	抗糸球体基底膜腎炎	169	スミス・マギニス症候群
44	オクシピタル・ホーン症候群	107	後縦靭帯骨化症	170	スモン ○
45	オスラー病	108	甲状腺ホルモン不応症	171	脆弱X症候群
46	カーニー複合	109	拘束型心筋症	172	脆弱X症候群関連疾患
47	海馬硬化を伴う内側側頭葉てんかん	110	高チロシン血症1型	173	成人スチル病
48	潰瘍性大腸炎	111	高チロシン血症2型	174	成長ホルモン分泌亢進症
49	下垂体前葉機能低下症	112	高チロシン血症3型	175	脊髄空洞症
50	家族性地中海熱	113	後天性赤芽球癆	176	脊髄小脳変性症（多系統萎縮症を除く。）
51	家族性良性慢性天疱瘡	114	広範脊柱管狭窄症	177	脊髄髄膜瘤
52	カナバン病	115	膠様滴状角膜ジストロフィー ※	178	脊髄性筋萎縮症
53	化膿性無菌性関節炎・壊疽性膿皮症・アクネ症候群	116	抗リン脂質抗体症候群	179	セピアプテリン還元酵素（SR）欠損症
54	歌舞伎症候群	117	コケイン症候群	180	前眼部形成異常
55	ガラクトース-1-リン酸ウリジルトランスフェラーゼ欠損症	118	コステロ症候群	181	全身性エリテマトーデス
56	カルニチン回路異常症	119	骨形成不全症	182	全身性強皮症 △
57	加齢黄斑変性 ○	120	骨髄異形成症候群 ○	183	先天異常症候群
58	肝型糖原病	121	骨髄線維症 ○	184	先天性横隔膜ヘルニア
59	間質性膀胱炎（ハンナ型）	122	ゴナドトロピン分泌亢進症	185	先天性核上性球麻痺
60	環状20番染色体症候群	123	5p欠失症候群	186	先天性気管狭窄症／先天性声門下狭窄症
61	関節リウマチ	124	コフィン・シリス症候群	187	先天性魚鱗癬
62	完全大血管転位症	125	コフィン・ローリー症候群	188	先天性筋無力症候群
63	眼皮膚白皮症	126	混合性結合組織病	189	先天性グリコシルホスファチジルイノシトール（GPI）欠損症

II 障害者（児）福祉の制度とサービス

令和元年7月1日からの障害者総合支援法の対象疾病一覧（361疾病）

※ 新たに対象となる疾病（3疾病）
△ 表記が変更された疾病（1疾病）
○ 障害者総合支援法独自の対象疾病（29疾病）

番号	疾病名	番号	疾病名	番号	疾病名
190	先天性三尖弁狭窄症	253	乳幼児肝巨大血管腫	316	発作性夜間ヘモグロビン尿症
191	先天性腎性尿崩症	254	尿素サイクル異常症	317	ポルフィリン症
192	先天性赤血球形成異常性貧血	255	ヌーナン症候群	318	マリネスコ・シェーグレン症候群
193	先天性僧帽弁狭窄症	256	ネイルパテラ症候群（爪膝蓋骨症候群）/LMX1B関連腎症	319	マルファン症候群
194	先天性大脳白質形成不全症	257	脳腱黄色腫症	320	慢性炎症性脱髄性多発神経炎/多巣性運動ニューロパチー
195	先天性肺静脈狭窄症	258	脳表ヘモジデリン沈着症	321	慢性血栓塞栓性肺高血圧症
196	先天性風疹症候群 ○	259	膿疱性乾癬	322	慢性再発性多発性骨髄炎
197	先天性副腎低形成症	260	嚢胞性線維症	323	慢性膵炎 ○
198	先天性副腎皮質酵素欠損症	261	パーキンソン病	324	慢性特発性偽性腸閉塞症
199	先天性ミオパチー	262	バージャー病	325	ミオクロニー欠神てんかん
200	先天性無痛無汗症	263	肺静脈閉塞症/肺毛細血管腫症	326	ミオクロニー脱力発作を伴うてんかん
201	先天性葉酸吸収不全	264	肺動脈性肺高血圧症	327	ミトコンドリア病
202	前頭側頭葉変性症	265	肺胞蛋白症（自己免疫性又は先天性）	328	無虹彩症
203	早期ミオクロニー脳症	266	肺胞低換気症候群	329	無脾症候群
204	総動脈幹遺残症	267	ハッチンソン・ギルフォード症候群 ※	330	無βリポタンパク血症
205	総排泄腔遺残	268	バッド・キアリ症候群	331	メープルシロップ尿症
206	総排泄腔外反症	269	ハンチントン病	332	メチルグルタコン酸尿症
207	ソトス症候群	270	汎発性特発性骨増殖症 ○	333	メチルマロン酸血症
208	ダイアモンド・ブラックファン貧血	271	PCDH19関連症候群	334	メビウス症候群
209	第14番染色体父親性ダイソミー症候群	272	非ケトーシス型高グリシン血症	335	メンケス病
210	大脳皮質基底核変性症	273	肥厚性皮膚骨膜症	336	網膜色素変性症
211	大理石骨病	274	非ジストロフィー性ミオトニー症候群	337	もやもや病
212	ダウン症候群 ○	275	皮質下梗塞と白質脳症を伴う常染色体優性脳動脈症	338	モワット・ウイルソン症候群
213	高安動脈炎	276	肥大型心筋症	339	薬剤性過敏症症候群 ○
214	多系統萎縮症	277	左肺動脈右肺動脈起始症	340	ヤング・シンプソン症候群
215	タナトフォリック骨異形成症	278	ビタミンD依存性くる病/骨軟化症	341	優性遺伝形式をとる遺伝性難聴
216	多発血管炎性肉芽腫症	279	ビタミンD抵抗性くる病/骨軟化症	342	遊走性焦点発作を伴う乳児てんかん
217	多発性硬化症/視神経脊髄炎	280	ビッカースタッフ脳幹脳炎	343	4p欠失症候群
218	多発性軟骨性外骨腫症 ○	281	非典型溶血性尿毒症症候群	344	ライソゾーム病
219	多発性嚢胞腎	282	非特異性多発性小腸潰瘍症	345	ラスムッセン脳炎
220	多脾症候群	283	皮膚筋炎/多発性筋炎	346	ランゲルハンス細胞組織球症
221	タンジール病	284	びまん性汎細気管支炎 ○	347	ランドウ・クレフナー症候群
222	単心室症	285	肥満低換気症候群	348	リジン尿性蛋白不耐症
223	弾性線維性仮性黄色腫	286	表皮水疱症	349	両側性小耳症・外耳道閉鎖症
224	短腸症候群 ○	287	ヒルシュスプルング病（全結腸型又は小腸型）	350	両大血管右室起始症
225	胆道閉鎖症	288	VATER症候群	351	リンパ管腫症/ゴーハム病
226	遅発性内リンパ水腫	289	ファイファー症候群	352	リンパ脈管筋腫症
227	チャージ症候群	290	ファロー四徴症	353	類天疱瘡（後天性表皮水疱症を含む。）
228	中隔視神経形成異常症/ドモルシア症候群	291	ファンコニ貧血	354	ルビンシュタイン・テイビ症候群
229	中毒性表皮壊死症	292	封入体筋炎	355	レーベル遺伝性視神経症
230	腸管神経節細胞僅少症	293	フェニルケトン尿症	356	レシチンコレステロールアシルトランスフェラーゼ欠損症
231	TSH分泌亢進症	294	フォンタン術後症候群 ※	357	劣性遺伝形式をとる遺伝性難聴 ○
232	TNF受容体関連周期性症候群	295	複合カルボキシラーゼ欠損症	358	レット症候群
233	低ホスファターゼ症	296	副甲状腺機能低下症	359	レノックス・ガストー症候群
234	天疱瘡	297	副腎白質ジストロフィー	360	ロスムンド・トムソン症候群
235	禿頭と変形性脊椎症を伴う常染色体劣性白質脳症	298	副腎皮質刺激ホルモン不応症	361	肋骨異常を伴う先天性側弯症
236	特発性拡張型心筋症	299	ブラウ症候群		
237	特発性間質性肺炎	300	プラダー・ウィリ症候群		
238	特発性基底核石灰化症	301	プリオン病		
239	特発性血小板減少性紫斑病	302	プロピオン酸血症		
240	特発性血栓症（遺伝性血栓性素因によるものに限る。）	303	PRL分泌亢進症（高プロラクチン血症）		
241	特発性後天性全身性無汗症	304	閉塞性細気管支炎		
242	特発性大腿骨頭壊死症	305	β-ケトチオラーゼ欠損症		
243	特発性多中心性キャッスルマン病	306	ベーチェット病		
244	特発性門脈圧亢進症	307	ベスレムミオパチー		
245	特発性両側性感音難聴	308	ヘパリン起因性血小板減少症		
246	突発性難聴 ○	309	ヘモクロマトーシス ○		
247	ドラベ症候群	310	ペリー症候群		
248	中條・西村症候群	311	ペルーシド角膜辺縁変性症 ○		
249	那須・ハコラ病	312	ペルオキシソーム病（副腎白質ジストロフィーを除く。）		
250	軟骨無形成症	313	片側巨脳症		
251	難治頻回部分発作重積型急性脳炎	314	片側痙攣・片麻痺・てんかん症候群		
252	22q11.2欠失症候群	315	芳香族L-アミノ酸脱炭酸酵素欠損症		

C 介護保険制度と障害者総合支援法の関係

　介護保険制度と障害者福祉制度（障害者総合支援法等）においては、両制度に共通するサービスについては介護保険制度を優先し、介護保険制度にないサービス等については障害者福祉制度を適用する、というしくみです（**図表1-7**）。

　障害者総合支援法第7条において、これらを規定し、他の法令による給付との調整をしています。具体的には、同法第7条で「自立支援給付は、当該障害の状態につき、介護保険法（平成9年法律第123号）の規定による介護給付、健康保険法（大正11年法律第70号）の規定による療養の給付その他の法令に基づく給付又は事業であって政令で定めるもののうち自立支援給付に相当するものを受け、又は利用することができるときは政令で定める限度において、当該政令で定める給付又は事業以外の給付であって国又は地方公共団体の負担において自立支援給付に相当するものが行われたときはその限度において、行わない」と規定しています。

■図表1-7　65歳以上の要介護状態にある障害者での介護保険制度と障害者福祉制度の関係

[上乗せ部分] 全身性障害者に対する介護保険の支給限度額を超える部分は障害者福祉制度から給付	障害者福祉制度
介護保険と障害者福祉制度で共通するサービス ⇒ 介護保険からの給付が優先	[横出し部分] 訓練等給付などの介護保険にないサービスは障害福祉サービスから給付

§2　障害者総合支援法とは

A 障害者総合支援法の概要

(1) 障害者総合支援法の目的

　障害者総合支援法は、基本理念を「障害者及び障害児が日常生活又は社会生

活を営むための支援は、全ての国民が、障害の有無にかかわらず、等しく基本的人権を享有するかけがえのない個人として尊重されるものである」としたうえで、「全ての国民が、障害の有無によって分け隔てられることなく、相互に人格と個性を尊重し合いながら共生する社会を実現するため、全ての障害者及び障害児が可能な限りその身近な場所において必要な日常生活又は社会生活を営むための支援を受けられることにより社会参加の機会が確保されること及びどこで誰と生活するかについての選択の機会が確保され、地域社会において他の人々と共生することを妨げられないこと並びに障害者及び障害児にとって日常生活又は社会生活を営む上で障壁となるような社会における事物、制度、慣行、観念その他一切のものの除去に資することを旨として、総合的かつ計画的に行わなければならない」と規定しています（第１条の２）。

　つまり、基本理念として、法に基づく支援が、社会参加の機会の確保や地域社会での共生、社会的障壁の除去に資するものとなるよう総合的かつ計画的に行われなければならないことを掲げ、法に基づく支援が総合的に行われることを規定しているのが、ポイントとなります。

(2) 障害者総合支援法の趣旨

　障害者総合支援法の前身である障害者自立支援法は、身体障害、知的障害、精神障害の障害者・児に対する自立支援給付と地域生活支援事業を行うための法律として制定されました。それ以前の支援費制度（2003〈平成15〉年4月〜2006〈平成18〉年3月）では対象となっていなかった精神障害が加わり、複雑な障害福祉のしくみのうち、上記の3障害に共通する制度を設け、わかりやすく、利用しやすくしようというものでした。

　自立支援給付とは、障害福祉サービス、自立支援医療、補装具の購入などの費用を給付するものです。この費用のうち、原則として1割を利用者が負担し、残りの9割を市町村（4分の1）、都道府県（4分の1）、国（2分の1）が負担します。その受給には、市町村に申請して給付決定を受ける必要があります。

　市町村および都道府県は、国の定める基本指針に則して、障害福祉サービスや地域生活支援事業などの提供体制の確保に関する障害福祉計画を定めます。

障害者自立支援法が大幅に改正され、その名称も変わる形で、障害者総合支援法が2013(平成25)年4月1日から一部、2014(平成26)年に主要な条項が施行されました。

B 制度とサービスの実際

(1) 制度のしくみ

●サービスの一元化

障害者総合支援法に基づく制度では、身体障害・知的障害・精神障害の3障害すべてを対象としたうえで、サービス提供主体は市町村に一元化されます。なお、65歳以上(40～64歳は特定疾病)の要介護状態にある障害者は、介護保険制度の給付が優先適用される点についてはこれまでどおりです。医療についても、従来どおり医療保険制度などを活用します。

●市町村が実施の中心

障害者総合支援法に基づく制度において、中心的な役割を果たすのは市町村です。市町村は、地域生活支援事業、自立支援給付の実施主体となります。

市町村が行う地域生活支援事業としては、相談、情報提供・助言、権利擁護、手話通訳等の派遣、日常生活用具の給付・貸与、移動の支援など、さまざまなものが設定されています。なお、特に専門性の高い相談支援事業や、広域的な対応が必要な事業などについては、都道府県が実施主体となります。

自立支援給付は全国で統一した基準で行われますが、地域生活支援事業はその地域の特性や利用者の状況を踏まえて柔軟に実施することに特徴があります。つまり、地域生活支援事業は、市町村ごとでサービス内容などに違いがでるということです。

●ケアマネジメント

従来の障害者福祉サービスにおけるケアマネジメントでは、統一的なアセスメントや区分がなく、ケアマネジメントの手法が活用されていないといった根本的な問題が指摘されてきました。

そこで、ケアマネジメントにおいては、以下の対応がなされます。

①統一的なアセスメントや障害支援区分、市町村審査会の導入

②相談支援事業者の活用

③職員などに対する研修の制度化

④サービス利用計画作成費の制度化による個別給付

しくみとしては、介護保険制度での要介護認定、ケアプラン作成とケアマネジメントに近いものとなります。

●障害支援区分

障害支援区分は、区分1～6の6段階に分けられます。これは介護保険制度における要支援・要介護度に対応したもので、区分1が要支援、区分2～6がそれぞれ要介護1～5に、ほぼ相当します。身体障害者福祉法で定められている「障害等級」などとは異なるものです。

介護給付を希望する場合、市町村が障害支援区分認定調査を用いた一次判定を、市町村審査会が医師の意見書を踏まえた二次判定を行います(図表1-8)。

なお、障害者総合支援法の施行により2014(平成26)年4月1日から、「障害程度区分」を「障害支援区分」に名称変更し、その定義についても「障害者等の障害の多様な特性その他の心身の状態に応じて必要とされる標準的な支援の度合を総合的に示すもの」と改められました。

●サービス体系の見直し

障害者自立支援法において、支援費制度の「居宅系サービス」「施設系サービス」という2つのサービス体系から、「介護給付」「訓練等給付」「地域生活支援事業」に再編されました。「介護給付」と「訓練等給付」は、自立支援給付のなかに位置づけられました。

ただし、既存の施設体系・事業体系をすぐに撤廃するということではなく、2012(平成24)年3月まで5年程度をかけて新たな体系に移行しました。

障害者自立支援法における考え方は、入所施設のサービスを、日中活動事業(昼のサービス)と居住支援事業(夜のサービス)に分け、利用者が地域社会と自然に交わりながら生活していけるようにしようというものであり、障害者総合支援法の施行後も2013(平成25)年度は継続されました(図表1-9)。

第1章　障害者福祉に関する制度及びサービス

■図表1-8　自立支援給付の支給決定までの流れ

```
                    利 用 申 請
         介護給付を希望する場合 ↓   ↓ 訓練等給付を希望する場合
  医   障害支援区分の一次判定・調査項目106項目（市町村） ……… ①障害者の心身の状況
  師         ↓
  の   二次判定（審査会）
  意         ↓
  見   障害支援区分の認定（市町村）※
  書         ↓
         勘案事項調査項目（市町村）              ……… ②社会活動や介護者、居住
         ○地域生活 ○就労 ○日中活動 ○介護者 ○居住 など        等の状況
               ↓
         サービスの利用意向の聴取（市町村）        ……… ③サービスの利用意向
               ↓
         暫定支給決定（市町村）
               ↓
         訓練・就労評価項目 ⇒ 個別支援計画       ……… ④訓練・就労に関する評価
               ↓
         審査会の意見聴取
               ↓
         支給決定（市町村）※
```

※不服の場合、都道府県に申し立てできる。
厚生労働省資料を基に作成

（2）具体的なサービス

障害者総合支援法に基づくサービス事業は大きく2つに分かれます。
・自立支援給付（介護給付、訓練等給付、自立支援医療等、補装具費の支給）
・地域生活支援事業（日常生活用具の給付・貸与、移動支援事業等）

それぞれの事業のなかで、個別に具体的なサービスが提供されます（図1-10）。

●自立支援給付

自立支援給付での利用者負担は、原則として1割の定率負担です。ただし、世帯の収入状況に応じて軽減があります。

①介護給付

・居宅介護（ホームヘルプ）

障害者等の利用者宅で、入浴、排せつ、食事などの介護を行います。

II 障害者（児）福祉の制度とサービス

■図表1-9　施設体系・事業体系の見直し

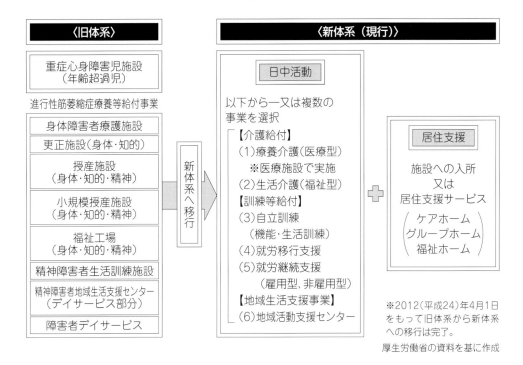

・重度訪問介護

　　重度の肢体不自由者で常時介護が必要な人を対象として、利用者宅で、入浴、排せつ、食事などの介護や、外出時における移動支援も行います。

　　なお、障害者総合支援法の施行により2014（平成26）年4月1日から、重度訪問介護の対象を拡大し、重度の知的障害者・精神障害者もその対象になりました。

・同行援護

　　視覚障害により移動が著しく困難な人を対象に、外出時に同行し情報を提供します。

・行動援護

　　知的障害または精神障害などで自己判断能力が制限されている人を対象として、危険を回避するために必要な支援、外出支援を行います。

・重度障害者等包括支援

　　介護の必要度が極めて高い人を対象として、居宅介護等複数のサービス

■図表1-10　現・障害者総合支援法に基づくサービス事業

自立支援給付		
介護給付	○ 居宅介護（ホームヘルプ） ○ 重度訪問介護 ○ 同行援護 ○ 行動援護 ○ 重度障害者等包括支援 ○ 短期入所（ショートステイ） ○ 療養介護 ○ 生活介護 ○ 施設入所支援	
訓練等給付	○ 自立訓練（機能訓練・生活訓練） ○ 就労移行支援 ○ 就労継続支援 　（A型＝雇用型・B型＝非雇用型） ○ 共同生活援助（介護サービス包括型・外部サービス利用型）	
自立支援医療等	○ 更生医療 ○ 育成医療※ ○ 精神通院医療の支給※	
補装具費の支給		

※育成医療と精神通院医療についての実施主体は都道府県等です。

地域生活支援事業
〈例〉相談支援事業、日常生活用具の給付・貸与、移動支援など

障害者総合支援法に基づく総合的な自立支援システムは、自立支援給付と地域生活支援事業で構成されている。図表1-10は、図表1-9の新体系（現行）の部分を詳しく記載したものである。

を包括的に行います。

・短期入所（ショートステイ）

　介護者等の事情により在宅で生活できない人を対象に、短期間、施設において、入浴、排せつ、食事などの介護を行います。

・療養介護

　医療と常時介護を必要とする人を対象に、医療機関において機能訓練、療養上の管理、看護、介護および日常生活の世話を行います。

・生活介護

　常時介護を必要とする人を対象に、主として昼間、障害者支援施設等において、入浴、排せつ、食事などの介護を行うほか、創作的活動、生産活動などの機会を提供します。

・施設入所支援

　施設に入所する人を対象に、主に夜間や休日において、入浴、排せつ、食事などの介護を行います。

・共同生活介護(ケアホーム)

　共同生活を行う住居において、夜間や休日、入浴、排せつ、食事などの介護を行います。

　なお、障害者総合支援法の施行により2014年4月1日から、この共同生活介護(ケアホーム)を共同生活援助(グループホーム)に統合・一元化しました。この主な目的は、共同生活を行う住居でのケアが柔軟にできるようにすること、地域生活の基盤となる住まいを確保することを通し、障害者の地域移行を促進することです。

②訓練等給付

　訓練等給付には、自立訓練(機能訓練・生活訓練)、就労移行支援、就労継続支援(A型＝雇用型・B型＝非雇用型)、共同生活援助(介護サービス包括型・外部サービス利用型)などがあります。

③自立支援医療等

　従来、障害者に対する公費負担医療は、それぞれ個別の法律に基づき、精神通院医療や更生医療などが実施されてきましたが、障害者自立支援法(現・障害者総合支援法)により「自立支援医療」として一本化されました。このことで支給認定の手続きなどが共通化され、わかりやすいしくみになりました。

　自立支援医療での利用者負担は、原則として1割の定率負担で、入院時の食費は全額(標準負担額)が自己負担です。ただし、世帯の収入状況に応じて軽減される制度があります。

④補装具費の支給

　これまでの現物支給から、補装具費(購入費および修理費)の支給となります。利用者負担は定率で1割負担です。

●地域生活支援事業

地域生活支援事業は、市町村や都道府県が、その地域や利用者の特性に応じて柔軟に提供するサービスですが、「必須」とされる事業もあります。利用料は、

実施主体の判断で、条例で定めることができ、全国一律ではありません。
　市町村地域生活支援事業で「必須事業」とされているのは、次の事業です。
　①理解促進研修・啓発事業（障害者等に対する理解を深めるための研修や啓発活動）、②自発的活動支援事業（障害者等やその家族、地域住民等が自発的に行う活動に対する支援）、③相談支援事業（基幹相談支援センター等機能強化事業、住宅入居等支援事業（居住サポート事業））、④成年後見制度利用支援事業、⑤成年後見制度法人後見支援事業（法人後見の体制整備及び活動を支援するための研修等）、⑥意思疎通支援事業（手話通訳者等の派遣等）、⑦日常生活用具給付等事業、⑧手話奉仕員養成研修事業、⑨移動支援事業、⑩地域活動支援センター機能強化事業（障害者等を通わせ創作的活動等の機会を提供する機能の強化）。
　都道府県地域生活支援事業で「必須事業」とされているのは、次の事業です。
　①専門性の高い相談支援事業（発達障害者支援センター運営事業、高次脳機能障害及びその関連障害に対する支援普及事業）、②専門性の高い意思疎通支援を行う者の養成研修事業（手話通訳者・要約筆記者養成研修事業、盲ろう者向け通訳・介助員養成研修事業、失語症者向け意思疎通支援者養成研修事業）、③専門性の高い意思疎通支援を行う者の派遣事業（手話通訳者・要約筆記者派遣事業、盲ろう者向け通訳・介助員派遣事業、失語症者向け意思疎通支援者派遣事業）、④意思疎通支援を行う者の派遣に係る市町村相互間の連絡調整事業、⑤広域的な支援事業（都道府県相談支援体制整備事業、精神障害者地域生活支援広域調整等事業、発達障害者支援地域協議会による体制整備事業）。

第2章 身体障害者ホームヘルプサービスに関する知識

I ホームヘルプサービス概論

§1 居宅介護従業者

A 居宅介護従業者

　障害者総合支援法に基づき、厚生労働省告示第538号（2006年10月1日適用、厚生労働省告示第84号に基づき2018年4月1日改正適用）では、居宅介護従業者（指定居宅介護等の提供に当たる者）を次のように定めています（一部省略）。

> 1　介護福祉士
> 2　社会福祉士及び介護福祉士法（昭和62年法律第30号）第40条第2項第5号の指定を受けた学校又は養成施設において1月以上介護福祉士として必要な知識及び技能を習得した者（以下「実務者研修修了者」という。）
> 3　居宅介護職員初任者研修の課程を修了し、当該研修の事業を行った者から当該研修の課程を修了した旨の証明書の交付を受けた者（**編集部注**：従前の「居宅介護従業者養成研修」に代わる、障害者総合支援法に基づく「居宅介護職員初任者研修」修了者のこと）
> 4　障害者居宅介護従業者基礎研修の課程を修了し、当該研修の事業を行った者から当該研修の課程を修了した旨の証明書の交付を受けた者（**編集部注**：従前の「居宅介護従業者養成研修3級課程」に代わる、障害者総合支援

法に基づく「障害者居宅介護従業者基礎研修」修了者のこと）

5　重度訪問介護従業者養成研修の課程を修了し、当該研修の事業を行った者から当該研修の課程を修了した旨の証明書の交付を受けた者

6　同行援護従業者養成研修（視覚障害により、移動に著しい困難を有する障害者等に対して、外出時において、当該障害者等に同行し、移動に必要な情報の提供、移動の援護、排せつ及び食事等の介護その他の当該障害者等の外出時に必要な援助を行うことに関する知識及び技術を習得することを目的として行われる研修であって、別表第6又は別表第7に定める内容以上のものをいう。以下同じ。）の課程を修了し、当該研修の事業を行った者から当該研修の課程を修了した旨の証明書の交付を受けた者

7　行動援護従業者養成研修の課程を修了し、当該研修の事業を行った者から当該研修の課程を修了した旨の証明書の交付を受けた者

8　平成25年3月31日において現に居宅介護職員初任者研修の課程に相当するものとして都道府県知事が認める研修の課程を修了し、当該研修の事業を行った者から当該研修の課程を修了した旨の証明書の交付を受けた者

9　平成25年3月31日において現に障害者居宅介護従業者基礎研修の課程に相当するものとして都道府県知事が認める研修の課程を修了し、当該研修の事業を行った者から当該研修の課程を修了した旨の証明書の交付を受けた者

10　平成18年9月30日において現に重度訪問介護従業者養成研修の課程に相当するものとして都道府県知事が認める研修の課程を修了し、当該研修の事業を行った者から当該研修の課程を修了した旨の証明書の交付を受けた者

11　平成23年9月30日において、現に同行援護従業者養成研修の課程に相当するものとして都道府県知事が認める研修の課程を修了し、当該研修の事業を行った者から当該研修の課程を修了した旨の証明書の交付を受けた者

12　平成18年9月30日において現に行動援護従業者養成研修の課程に相当するものとして都道府県知事が認める研修の課程を修了し、当該研修の事業を行った者から当該研修の課程を修了した旨の証明書の交付を受けた者

13　平成25年3月31日において現に居宅介護職員初任者研修の課程に相当するものとして都道府県知事が認める研修の課程を受講中の者であって、平

成25年4月1日以降に当該研修の課程を修了し、当該研修の事業を行った者から当該研修の課程を修了した旨の証明書の交付を受けたもの

14　平成25年3月31日において現に障害者居宅介護従業者基礎研修の課程に相当するものとして都道府県知事が認める研修の課程を受講中の者であって、平成25年4月1日以降に当該研修の課程を修了し、当該研修の事業を行った者から当該研修の課程を修了した旨の証明書の交付を受けたもの

15　平成18年9月30日において現に重度訪問介護従業者養成研修の課程に相当するものとして都道府県知事が認める研修の課程を受講中の者であって、平成18年10月1日以降に当該研修の課程を修了し、当該研修の事業を行った者から当該研修の課程を修了した旨の証明書の交付を受けたもの

16　平成23年9月30日において、現に同行援護従業者養成研修の課程に相当するものとして都道府県知事が認める研修の課程を受講中の者であって、平成23年10月1日以降に当該研修の課程を修了し、当該研修の事業を行った者から当該研修の課程を修了した旨の証明書の交付を受けた者

17　平成18年9月30日において現に行動援護従業者養成研修の課程に相当するものとして都道府県知事が認める研修の課程を受講中の者であって、平成18年10月1日以降に当該研修の課程を修了し、当該研修の事業を行った者から当該研修の課程を修了した旨の証明書の交付を受けたもの

18　介護職員初任者研修課程（介護保険法施行規則（平成11年厚生省令第36号）第22条の23第1項に規定する介護職員初任者研修課程をいう。）を修了し、当該研修の事業を行った者から当該研修の課程を修了した旨の証明書の交付を受けた者

18の2　生活援助従事者研修課程（介護保険法施行規則第22条の23第1項に規定する生活援助従事者研修課程をいう。）を修了し、当該研修の事業を行った者から当該研修の課程を修了した旨の証明書の交付を受けた者

19　平成18年3月31日において現に身体障害者居宅介護等事業（法附則第34条の規定による改正前の身体障害者福祉法（昭和24年法律第283号）第4条の2第6項に規定する身体障害者居宅介護等事業をいう。）、知的障害者居宅介護等事業（法附則第51条の規定による改正前の知的障害者福祉法（昭和35年法律第37号）第4条第7項に規定する知的障害者居宅介護等事業をいう。）又は児童居宅介護等事業（法附則第25条の規定による改正前の

児童福祉法（昭和22年法律第164号）第6条の2第7項に規定する児童居宅介護等事業をいう。）に従事した経験を有する者であって、都道府県知事から必要な知識及び技術を有すると認める旨の証明書の交付を受けたもの

20　この告示による廃止前の指定居宅介護等の提供に当たる者として厚生労働大臣が定めるもの（平成18年厚生労働省告示第209号。以下「旧指定居宅介護等従業者基準」という。）第3号に掲げる視覚障害者外出介護従業者養成研修、旧指定居宅介護等従業者基準第4号に掲げる全身性障害者外出介護従業者養成研修又は旧指定居宅介護等従業者基準第5号に掲げる知的障害者外出介護従業者養成研修の課程に相当するものとして都道府県知事が認める研修の課程を修了し、当該研修の事業を行った者から当該研修の課程を修了した旨の証明書の交付を受けた者

21　平成18年9月30日において現に旧指定居宅介護等従業者基準第3号に掲げる視覚障害者外出介護従業者養成研修、旧指定居宅介護等従業者基準第4号に掲げる全身性障害者外出介護従業者養成研修、旧指定居宅介護等従業者基準第5号に掲げる知的障害者外出介護従業者養成研修又はこれらの研修の課程に相当するものとして都道府県知事が認める研修の課程を修了し、当該研修の事業を行った者から当該研修の課程を修了した旨の証明書の交付を受けた者

22　平成18年9月30日において現に旧指定居宅介護等従業者基準第3号に掲げる視覚障害者外出介護従業者養成研修、旧指定居宅介護等従業者基準第4号に掲げる全身性障害者外出介護従業者養成研修、旧指定居宅介護等従業者基準第5号に掲げる知的障害者外出介護従業者養成研修又はこれらの研修の課程に相当するものとして都道府県知事が認める研修を受講中の者であって、平成18年10月1日以降に当該研修の課程を修了し、当該研修の事業を行った者から当該研修の課程を修了した旨の証明書の交付を受けたもの

B 障害者総合支援法における「居宅介護」とは

　障害者の日常生活及び社会生活を総合的に支援するための法律（障害者総合支援法）における「居宅介護」とは、「障害者等につき、居宅において入浴、排せつ又は食事の介護その他の厚生労働省令で定める便宜を供与すること」をいいます（第5条第2項）。厚生労働省で定める便宜としては「調理、洗濯及び掃除等の家事並びに生活等に関する相談及び助言その他の生活全般にわたる助言」があります。

C 資格を取得するにあたって

　介護保険のもとで訪問介護などの仕事をするには、原則として、ホームヘルパー2級以上の資格（※正しくは、訪問介護員養成研修の修了）が必要です。ただし、ホームヘルパー2級の養成は2012（平成24）年度で原則終了しており、2013（平成25）年度以降、新人として介護保険の分野で働こうとするのであれば、介護職員初任者研修を受講・修了する必要があります。これにより、旧「ホームヘルパー2級」相当の扱いを受けることができます。

　同様に2013年度以降、障害者総合支援法のもとで居宅介護サービスの提供を行うには、上記の介護保険におけるホームヘルパー関係の制度改正との連動もあって、居宅介護職員初任者研修や障害者居宅介護従業者基礎研修（居宅介護従業者が行う業務に関する基礎的な知識及び技術を習得することを目的として行われる研修）を修了する必要があります。

§2 ホームヘルプサービスの業務と社会的役割

　居宅介護は、居宅介護従業者（ホームヘルパー）が利用者（障害支援区分1以上）の自宅を訪問し、利用者が自立した日常生活または社会生活を営むことができるように、身体その他の状況や環境に応じて、次のような援助をしていきます。

・身体介護…入浴、排せつ、食事など

・家事援助…調理、洗濯及び掃除など
・その他…生活等に関する相談及び助言、その他生活全般にわたる援助

　また、外出についても病院等への通院のための移動介助や屋内外における移動等の介助、通院先等での受診等の手続き、移動等の介助などがあります。これらの支援によって、家族などの負担の軽減も図っていきます。

　この居宅介護（ホームヘルプサービス）は、利用者の居宅での日常生活を支える基本となるサービスで、障害福祉サービスの利用者のうち、およそ10％がこのサービスを利用しています。ホームヘルプサービスの社会的役割を考えるとき、「居宅において自立した日常生活又は社会生活を営むことができるよう」支援する事業のなかでも基本となるものであることをまず理解しましょう。

　そして、居宅生活を支えるなかで大切なことは利用者の「自立」を支援するということです。居宅においてできるところは利用者が自分で行い、自分の意思で、自分らしく生きる「個人の尊厳」を尊重しながら、その人の可能性も引き出しつつ、自分らしい生き方の実現を支援していくこと、こうしたことも利用者に密接にかかわるホームヘルパーならではの仕事といえるでしょう。

　様々な制度や福祉サービスが整えられ、障害者の自立や社会参加への環境整備が進めば、それだけ障害者の生活が広がり得るということです。現在「地域包括ケア」、さらにそれを深化させた「地域共生社会」の実現が目指されています。地域共生社会とは高齢者・障害者・子どもなどすべての人々が、一人ひとりの暮らしと生きがいを共につくり、高め合う社会です。地域のあらゆる住民が役割を持ち、支え合いながら、自分らしく活躍できる地域コミュニティをつくっていくことが求められています。生活の広がりのなかで自分らしさを発揮していくことを支えていくヘルパーの社会的役割は今後ますます重要になっていくでしょう。

II　ホームヘルパーの職業倫理

§1　介護職の倫理綱領とは

　『介護福祉用語辞典』(中央法規出版)によれば、職業倫理とは、「ある職業に就いている個人あるいは集団が職能としての責務を果たすために、自らの行為を律する基準であり、規範である」と説明しています。この職能集団としての職業倫理を明文化した倫理綱領を持っている職業には、弁護士、医師、看護師、社会福祉士、介護福祉士など多くの職種があります。これらの各専門職が制定している各倫理綱領とは、それぞれの専門職者が自分の業務を遂行するにあたり、専門職としての価値観を明確にしたものといえます。すなわち専門職としての職業方針を文言で示したものと考えてよいでしょう。

　なお、介護領域の倫理綱領には、日本介護福祉士会が1995(平成7)年に定めた「日本介護福祉士会倫理綱領」と、全国ホームヘルパー協議会が2004(平成16)年5月に協議員総会で制定した「全国ホームヘルパー協議会倫理綱領」、そして1982(昭和57)年に日本ホームヘルパー協会が定めた「ヘルパー憲章」があります。

　日本介護福祉士会は1994(平成6)年に厚生労働省所管のもと設立された職能団体で、介護福祉士が任意で加入する組織です。全国ホームヘルパー協議会は、1980(昭和55)年に結成された組織で個人加入ができます。また、日本ホームヘルパー協会とは、1972(昭和47)年に「日本家庭奉仕員協会」として設立された組織単位で加入する任意団体です。1991(平成3)年に「日本ホームヘルパー協会」と名称変更し現在に至っています。

　これらの組織が制定している倫理綱領等の基本や原則に大きな差はありませんが、あえて特徴を示すなら、介護福祉士会の倫理綱領は介護専門職全体のもので、総論的なものと理解してよいでしょう。全国ホームヘルパー協議会倫理綱領及びヘルパー憲章は、在宅福祉に特化した具体的な内容が記載されていることから、全国ホームヘルパー協議会倫理綱領とヘルパー憲章の特徴は、各論

的で具体的な指針を示したものといえます。

　介護専門職として業務を遂行する者は、介護に係る倫理綱領のすべてに理解を深め、倫理綱領を手がかりに専門職としての価値観、介護観等を養いましょう。専門職として適切な介護実践力を身につけるには、倫理綱領の内容を十分に理解することが大切です。

■図表2-1　日本介護福祉士会倫理綱領：1995（平成7）年11月17日　宣言

前文
　私たち介護福祉士は、介護福祉ニーズを有するすべての人々が、住み慣れた地域において安心して老いることができ、そして暮らし続けていくことのできる社会の実現を願っています。
　そのため、私たち日本介護福祉士会は、一人ひとりの心豊かな暮らしを支える介護福祉の専門職として、ここに倫理綱領を定め、自らの専門知識・技術及び倫理的自覚をもって最善の介護福祉サービスを提供していきます。

1．利用者本位、自立支援
　介護福祉士はすべての人々の基本的人権を擁護し、一人ひとりの住民が心豊かな暮らしと老後が送れるよう利用者本位の立場から自己決定を最大限尊重し、自立に向けた介護福祉サービスを提供していきます。

2．専門的サービスの提供
　介護福祉士は、常に専門的知識・技術の研鑽に励むとともに、豊かな感性と的確な判断力を培い、深い洞察力をもって専門的サービスの提供に努めます。
　また、介護福祉士は、介護福祉サービスの質的向上に努め、自己の実施した介護福祉サービスについては、常に専門職としての責任を負います。

3．プライバシーの保護
　介護福祉士は、プライバシーを保護するため、職務上知り得た個人の情報を守ります。

4．総合的サービスの提供と積極的な連携、協力

介護福祉士は、利用者に最適なサービスを総合的に提供していくため、福祉、医療、保険その他関連する業務に従事する者と積極的な連携を図り、協力して行動します。

5．利用者ニーズの代弁

介護福祉士は、暮らしを支える視点から利用者の真のニーズを受けとめ、それを代弁していくことも重要な役割であると確認したうえで、考え、行動します。

6．地域福祉の推進

介護福祉士は、地域において生じる介護問題を解決していくために、専門職として常に積極的な態度で住民と接し、介護問題に対する深い理解が得られるよう努めるとともに、その介護力の強化に協力していきます。

7．後継者の育成

介護福祉士は、すべての人々が将来にわたり安心して質の高い介護を受ける権利を享受できるよう、介護福祉士に関する教育水準の向上と後継者の育成に力を注ぎます。

■図表2-2　全国ホームヘルパー協議会倫理綱領：2004（平成16）年5月10日決定

1．ホームヘルプサービスの目的

私たちは、利用者が住み慣れた地域で心豊かに安心して暮らしつづけたいという気持ちに寄り添って、日常的に介護を必要とする障害者（児）や高齢者の生活を支え、その家族や介護者を支援し、自立支援を目的としてホームヘルプサービスを提供します。

2．自己研鑽、社会的評価の向上

私たちは、ホームヘルパー同士または他職種との交流をとおして、知識・技術の研鑽に励み、専門性の確立をはかり、ホームヘルパーの社会的評価を高めるように努力します。

3．プライバシーの保護
　私たちは、個人の情報に接する機会が多いことを自覚し、職務上知り得た個人の情報を漏らさぬことを厳守します。

4．説明責任
　私たちは、専門職として自己の実施したサービスについて利用者に説明する責任を負います。

5．サービスの評価
　私たちは、提供しているサービスが利用者の自立支援の視点に立っているか、常に評価を行います。

6．サービス内容の改善
　私たちは、利用者の意見・要望そして苦情を真摯に受け止め、サービス内容の改善に努めます。

7．事故防止、安全の配慮
　私たちは、介護事故の防止に細心の注意を払い、安全にサービスを提供します。

8．関連サービスとの連携
　私たちは、ケアマネジメントなどの関連サービスとの連携、福祉、医療、保健その他の関連領域に従事する者と積極的な連携を図り、協力して行動します。

9．地域福祉の推進
　私たちは、利用者が望む地域での暮らしを支援し、地域の生活課題を地域において解決できるように住民との協働に努めます。

10．後継者の育成
　私たちは、会員相互で知識・技術について高めあうとともに後継者の育成に力を注ぎます。

■図表2-3　ヘルパー憲章：1982（昭和57）年制定（2002〈平成14〉年用語改正）

> 1．私たちホームヘルパーは、常に社会福祉に携わる者としての誇りをもって仕事にあたります。
>
> 1．私たちホームヘルパーは、常に愛情と熱意をもって利用者の自立を助け、家庭の維持と発展を援助します。
>
> 1．私たちホームヘルパーは、利用者の尊厳を守り、常に利用者の立場に立ちながら仕事にあたり、利用世帯や地域住民から信頼されるホームヘルパーになります。
>
> 1．私たちホームヘルパーは、常に服装や言語に気をつけ、笑顔を忘れず、仕事上で知り得た他人の秘密は口外しないことを約束します。
>
> 1．私たちホームヘルパーは、常に研鑽に努め、在宅福祉の第一線にある者として、自ら資質向上に努めます。

§2 在宅介護実践におけるホームヘルパーの職業倫理

　ホームヘルパーの職業倫理の中核は「利用者の尊重」「基本的人権の尊重」だといえます。

　利用者が長年築き上げた城（自宅）の中で仕事をするホームヘルパーという職業は、最も利用者の価値観を知る立場であり、利用者個人のみならず家族のプライバシーにも関与する職種です。したがって、利用者やその家族のプライバシー及び人権を保護し、安全で安心して暮らせる支援を実践しなければなりません。職業倫理の遵守がホームヘルパーの専門職としての介護実践を助けると考えましょう。職業倫理とは、「仕事を行ううえで最も大切にすべきこと、必ず守らなければならないこと」と換言できます。ホームヘルパーの介護実践で大切なことは、常に職業倫理を意識し、自らを律し、どのような場面であろうと常に利用者やその家族の意志を尊重した対応をとることです。

　ホームヘルパーは、介護専門職として職業倫理を遵守し、良好なコミュニケーションを図りながら関係者と信頼関係を築く必要があります。関係者全員が

安全と安心を感じられる環境は、信頼関係の構築によって実現されます。信頼関係が築かれ、互いが良好な環境に身を置くことで利用者の生活は豊かになり、ホームヘルパーは充実した職務を遂行できるようになるでしょう。

「尊厳」「人権」を重視することは対人援助専門職として当たり前のことではありますが、態度や行動で相手に示すには強い信念と意志が必要です。ホームヘルパーである自身の役割や立場を認識したうえで、ホームヘルパーとしての職業倫理を確立させていきましょう。

なお、高齢者および障害者の介護に携わるホームヘルパーは2012（平成24）年に制定された「障害者虐待の防止、障害者の養護者に対する支援等に関する法律」や2013（平成25）年に制定された「障害者差別解消法」（「障害を理由とする差別の解消の推進に関する法律」）などを意識し、すべての国民が障害の有無によって分け隔てられることはなく、相互に人格と個性を尊重しあいながら共生する社会の実現に寄与する必要があります。また、2014（平成26）年に批准した「障害者権利条約」（「障害者の権利に関する条約」）の主な内容についても理解を深め、専門職としての役割を果たしましょう。

第3章 障害・疾病の理解について

「全身性障害者」とは、一般に全身にわたる重い肢体不自由がある人のことをいいます。肢体とは四肢（上肢・下肢）と体幹のことですが、上肢とは肩関節から手指まで、下肢とは股関節から足指まで、体幹とは脊椎を中枢とした上半身と頸部を含めた支柱部分を指します。本章では、「肢体不自由」とはどのような障害であり、その原因疾患にはどのようなものがあるか、また、肢体不自由のある人のうちどのような人が「全身性障害者」とされているのかについて説明します。

I 障害（肢体不自由）の概念

§1 運動機能障害者の日常生活における不自由さ

A 肢体不自由とはどのようなことでしょうか？

（1）運動機能障害とまひ

　肢体不自由とは、神経、骨、関節、筋などの器質的または機能的障害のために、四肢の正常な運動機能が永続的に妨げられている状態のことです。運動機能障害の症状とは、具体的には、筋の緊張が異常な強弱を示すもの、筋の萎縮、手足や身体が意思に反した不随意運動を起こすもの、関節の動きが悪くなるもの、手足の欠損、切断等があげられます。

こうした運動機能障害の原因となる疾患を原因疾患または起因疾患とよんでいますが、その主なものとしては、脳性まひ、脳卒中、脊髄損傷、骨関節疾患、進行性筋ジストロフィー症、頭部外傷などがあります。

2016（平成28）年の厚生労働省「生活のしづらさなどに関する調査（全国在宅身体障害児・者等実態調査）」では、肢体不自由の障害の原因として、**図表3-1**のように報告されています。

また、神経や筋肉が障害を受けたことによって機能停止した状態を「まひ」といいます。まひには、運動機能が障害される「運動まひ」、知覚機能が障害される「知覚（感覚）まひ」などがありますが、まひの起こる部位によって次のように分けられています。

①片まひ：脳梗塞・脳出血・クモ膜下出血等の脳血管障害によるもの
②四肢まひ：頸髄損傷によるもの
③対まひ：脊髄損傷によるもの
④手指の拘縮：末梢神経の疾患で、リウマチなどの症状によるもの

肢体不自由者の日常生活におけるこうした障害によって以下のような動作の困難が見られます。

・下肢や平衡反応にかかわること（歩行・起立）
・上肢や、目と手の協応動作にかかわること（食事・書写）
・肢体全体にかかわること（衣服の着脱、排せつ）

■図表3-1　障害の原因（身体障害者・在宅）

単位：人

	65歳未満	65歳以上
総　　数	1,891	2,819
	100.0%	100.0%
病　　気	681	1,612
	36.0%	57.2%
事故・けが	138	362
	7.3%	12.8%
災　　害	6	16
	0.3%	0.6%
出生時の損傷	126	77
	6.7%	2.7%
加　　齢	51	671
	2.7%	23.8%
そ の 他	324	132
	17.1%	4.7%
わからない	668	309
	35.3%	11.0%
不　　詳	86	218
	4.5%	7.7%

資料：厚生労働省「生活のしづらさなどに関する調査（全国在宅身体障害児・者等実態調査）」（2016年）
※65歳以上には年齢不詳を含む

B まひのいろいろな種類

(1) 片まひ

　脳梗塞・脳出血・クモ膜下出血等の脳血管障害や頭部外傷などによって起こり、症状は損傷を受けた脳と逆側に現れます。まひの現れる場所や程度、筋緊張の強弱などは、病気やケガの起きた部分によって異なります。

(2) 四肢まひ

　事故などによって脊柱に強い力が加えられると、脊椎に骨折・脱臼を起こし、骨折した部分の骨折片が脊髄を圧迫したり、傷つけたりします。脳と末梢を連絡する運動・知覚の神経伝達路である脊髄の損傷は「脊髄損傷」とよばれ、まひが起こります。この状態が頸髄に起こり、上肢・下肢・体幹にまひが生じたものを「四肢まひ」といいます。

(3) 対まひ

　脊髄損傷のような状態が胸髄に生じ「胸髄損傷」となった場合、体幹と両側下肢がまひします。また、「腰髄損傷」の場合は両側下肢のまひが起こります。これを「対まひ」といいます。脊椎の癒合が不完全な状態の「二分脊椎」の場合、両下肢の運動・知覚の障害、直腸・膀胱の障害が生じたり、水頭症をともなうことがあります。対まひの人の多くは車いすを使用して自立しています。

(4) 痙性まひ

　中枢性のまひに多く、筋の緊張が強くなり、硬く抵抗感のあるものです。四肢の筋力が低下し起立状態の保持が困難となり、移動時にふらつくなど転倒のおそれがあります。

(5) 弛緩性まひ

　脊髄性まひに多く、筋の緊張と腱反射が弱く糸つり人形のようにぶらぶらとします。末梢神経系の障害によって起こります。

　また、まひの重さと範囲の違いによって障害に差があります。

(6) 完全まひ

　完全に神経がまひした状態をいいます。頸髄損傷では、損傷レベル以下の運動・知覚が完全に喪失した状態になります。

(7) 不全まひ

完全まひに対して、ある程度の回復の見込みがあるものをいいます。頸髄損傷の不全まひには以下のようなパターンがあります。

①**中心部型**：中心性頸髄損傷ともよばれ、主に上肢に障害があり下肢の障害は少ない。

②**前側部型**：主に脊髄の前索・側索などの損傷によって温度覚・痛覚障害等に障害が生じ、上下肢ともに運動障害がみられる。

③**後側部型**：後索・側索などの損傷によって運動障害が上下肢にみられるとともに、圧覚・位置覚等に障害が生じる。

④**半側型**：一側の上下肢の運動障害、逆側の温度覚・痛覚障害が生じる。

⑤**横断型**：脊髄全体において障害を受けるため、運動・知覚ともに障害が生じる。

(8) 交代性まひ

中脳、延髄などの脳幹部の障害によって、同側の脳神経まひと逆側の片まひが生じるものをいいます。

§2 身体障害者の障害の基準と定義

A 肢体不自由の定義

肢体不自由は、身体障害者福祉法において、以下のように定義されています。

> 1. 一上肢、一下肢又は体幹の機能の著しい障害で永続するもの
> 2. 一上肢のおや指を指骨間関節以上で欠くもの又はひとさし指を含めて一上肢の2指以上をそれぞれ第一指骨間関節以上で欠くもの
> 3. 一下肢をリスフラン関節以上で欠くもの
> 4. 両下肢のすべての指を欠くもの
> 5. 一上肢のおや指の機能の著しい障害又はひとさし指を含めて一上肢の3指以上の機能の著しい障害で、永続するもの
> 6. 1から5までに掲げるもののほか、その程度が1から5までに掲げる障害の程度以上であると認められる障害

(注) リスフラン関節：足根骨と中足骨底との間の関節。通常、リスフラン関節の脱臼や骨折は外力によって生じる外傷であるが、まれに捻挫によっても起こる。

I 障害(肢体不自由)の概念

　また、特別支援学校の対象となる障害の程度に関する基準の改正が行われ、学校教育法施行令において、肢体不自由の障害の程度が以下のように示されています。

> 1. 肢体不自由の状態が補装具の使用によっても、歩行、筆記等日常生活における基本的な動作が不可能又は困難な程度のもの
> 2. 肢体不自由の状態が前号に掲げる程度に達していないもののうち、常時の医学的観察指導を必要とする程度のもの

　身体障害者福祉法施行規則では、障害等級基準における肢体不自由は、上肢、下肢、体幹、乳幼児以前の非進行性の脳病変による運動機能障害において、以下のように区分されています(図表3-2)。

　これらの表の1級から6級までのいずれかの障害に該当する人は、都道府県知事から身体障害者手帳の交付を受けることができます。なお、7級に該当する障害が2以上重複する場合は、6級と認定されます。

■図表3-2　障害等級基準(肢体不自由)

級別	肢体不自由(上肢)	肢体不自由(下肢)
1級	1　両上肢の機能を全廃したもの 2　両上肢を手関節以上で欠くもの	1　両下肢の機能を全廃したもの 2　両下肢を大腿の2分の1以上で欠くもの
2級	1　両上肢の機能の著しい障害 2　両上肢のすべての指を欠くもの 3　一上肢を上腕の2分の1以上で欠くもの 4　一上肢の機能を全廃したもの	1　両下肢の機能の著しい障害 2　両下肢を下腿の2分の1以上で欠くもの
3級	1　両上肢のおや指及びひとさし指を欠くもの 2　両上肢のおや指及びひとさし指の機能を全廃したもの	1　両下肢をショパー関節以上で欠くもの (注)ショパー関節：足の甲と土踏まずの中央を結ぶ関節 2　一下肢を大腿の2分の1以上で欠くもの

	3	一上肢の機能の著しい障害	3	一下肢の機能を全廃したもの
	4	一上肢のすべての指を欠くもの		
	5	一上肢のすべての指の機能を全廃したもの		
4級	1	両上肢のおや指を欠くもの	1	両下肢のすべての指を欠くもの
	2	両上肢のおや指の機能を全廃したもの	2	両下肢のすべての指の機能を全廃したもの
	3	一上肢の肩関節、肘関節又は手関節のうち、いずれか一関節の機能を全廃したもの	3	一下肢を下腿の2分の1以上で欠くもの
	4	一上肢のおや指及びひとさし指を欠くもの	4	一下肢の機能の著しい障害
	5	一上肢のおや指及びひとさし指の機能を全廃したもの	5	一下肢の股関節又は膝関節の機能を全廃したもの
	6	おや指又はひとさし指を含めて一上肢の三指を欠くもの	6	一下肢が健側に比して10センチメートル以上又は健側の長さの10分の1以上短いもの
	7	おや指又はひとさし指を含めて一上肢の三指の機能を全廃したもの		
	8	おや指又はひとさし指を含めて一上肢の四指の機能の著しい障害		
5級	1	両上肢のおや指の機能の著しい障害	1	一下肢の股関節又は膝関節の機能の著しい障害
	2	一上肢の肩関節、肘関節又は手関節のうち、いずれか一関節の機能の著しい障害	2	一下肢の足関節の機能を全廃したもの
	3	一上肢のおや指を欠くもの	3	一下肢が健側に比して5センチメートル以上又は健側の長さの15分の1以上短いもの
	4	一上肢のおや指の機能を全廃したもの		
	5	一上肢のおや指又はひとさし指の機能の著しい障害		

	6	おや指又はひとさし指を含めて一上肢の三指の機能の著しい障害		
6級	1	一上肢のおや指の機能の著しい障害	1	一下肢をリスフラン関節以上で欠くもの
	2	ひとさし指を含めて一上肢の二指を欠くもの	2	一下肢の足関節の機能の著しい障害
	3	ひとさし指を含めて一上肢の二指の機能を全廃したもの		
7級	1	一上肢の機能の軽度の障害	1	両下肢のすべての指の機能の著しい障害
	2	一上肢の肩関節、肘関節又は手関節のうち、いずれか一関節の機能の軽度の障害	2	一下肢の機能の軽度の障害
	3	一上肢の手指の機能の軽度の障害	3	一下肢の股関節、膝関節又は足関節のうち、いずれか一関節の機能の軽度の障害
	4	ひとさし指を含めて一上肢の二指の機能の著しい障害	4	一下肢のすべての指を欠くもの
	5	一上肢のなか指、くすり指及び小指を欠くもの	5	一下肢のすべての指の機能を全廃したもの
	6	一上肢のなか指、くすり指及び小指の機能を全廃したもの	6	一下肢が健側に比して3センチメートル以上又は健側の長さの20分の1以上短いもの

級別	肢体不自由（体幹）
1級	体幹の機能障害により坐っていることができないもの
2級	1 体幹の機能障害により坐位又は起立位を保つことが困難なもの 2 体幹の機能障害により立ち上がることが困難なもの
3級	体幹の機能障害により歩行が困難なもの
5級	体幹の機能の著しい障害

※体幹については、4級と6級、7級が欠になっています。

級別	肢体不自由（乳幼児期以前の非進行性の脳病変による運動機能障害）	
	上肢機能	移動機能
1級	不随意運動・失調等により上肢を使用する日常生活動作がほとんど不可能なもの	不随意運動・失調等により歩行が不可能なもの
2級	不随意運動・失調等により上肢を使用する日常生活動作が極度に制限されるもの	不随意運動・失調等により歩行が極度に制限されるもの
3級	不随意運動・失調等により上肢を使用する日常動作が著しく制限されるもの	不随意運動・失調等により歩行が家庭内での日常生活活動に制限されるもの
4級	不随意運動・失調等による上肢の機能障害により社会での日常生活活動が著しく制限されるもの	不随意運動・失調等により社会での日常生活活動が著しく制限されるもの
5級	不随意運動・失調等による上肢の機能障害により社会での日常生活活動に支障のあるもの	不随意運動・失調等により社会での日常生活活動に支障があるもの
6級	不随意運動・失調等により上肢の機能の劣るもの	不随意運動・失調等により移動機能の劣るもの
7級	上肢に不随意運動・失調等を有するもの	下肢に不随意運動・失調等を有するもの

§3 全身性障害者の定義・範囲について

　全身にわたるような重い肢体不自由がある人の自立生活を保障し、社会参加を促進するためには、ホームヘルプサービスなどを利用する際、サービス内容やサービス量の特別な配慮が必要です。このため、国や地方自治体のホームヘルプサービスなどに関する告示、通知、要綱などでは、このような人を「全身性障害者」と表現して、必要な規定を設けている例が多く見られます。

　たとえば、「身体障害者居宅生活支援事業の実施等について」（平成12年7月

7日障第528号厚生省障害保健福祉部長通知)の「身体障害者ホームヘルプサービス事業運営要綱」の事業対象者に関する箇所では、次のような記述があります。

> (2)外出時の移動の介護等の便宜を供与する場合の対象者は、重度の視覚障害者及び脳性まひ者等全身性障害者であって、社会生活上必要不可欠な外出及び余暇活動等社会参加のための外出をするときにおいて、適当な付き添いを必要とする場合とする。

ただし、「全身性障害者」の定義については、とくに全国一律の基準は設けられておらず、告示、通知、要綱などで、定義が設けられている場合も、その範囲に差が見られます。

たとえば、「身体障害者福祉法に基づく指定居宅支援等に要する費用の額の算定に関する基準」(平成15年2月21日厚生労働省告示第27号)では、次のように定めています。

> ……全身性障害者(肢体不自由の程度が身体障害者福祉法施行規則(昭和25年厚生省令第15号)別表第5号の一級に該当する者であって両上肢及び両下肢の機能の障害を有するもの又はこれに準ずる者をいう……

東京都新宿区のホームページの福祉サービスに関するQ&Aにおける「全身性障害者とは?」という問いの答えは、次のようになっています。

> 脳性麻痺、頸椎損傷、筋疾患等による肢体不自由者で上肢下肢が身体障害者手帳1級の重度の障害を有している方のことを言います。支援者の身体介護、家事援助と移動介護(または日常生活支援と家事援助)が利用できます。

Ⅱ 障害・疾病の理解について

　全身にわたる障害の原因、症状、治療・介護の注意点について見ていきましょう。

§1 障害(肢体不自由)の原因となる疾患

　これまで、肢体不自由の原因疾患として多くを占めていた脊椎結核、関節結核、脊髄性小児まひは、化学療法やポリオワクチン服用などの予防的対応や早期発見によって先天性股関節脱臼が減少し、疾患自体が激減しました。現在は、脳血管障害や脳性まひなどの脳原性疾患が多くなっています。そのほか、脊髄損傷、関節リウマチ、パーキンソン病、進行性筋ジストロフィー症、筋萎縮性側索硬化症(ALS)が原因疾患(起因疾患)としてあげられます。

A 脳血管障害(脳卒中)

(1)原因・症状

　脳血管の循環障害により、運動まひ、知覚障害、言語障害、重いものになると意識障害も生じる疾患群です。大きく分けると脳出血と脳梗塞からなります。
　主な脳血管障害の特徴として、図表3-3のようなものがあげられます。

(2)治療

　脳血管障害の原因である基礎疾患の治療と再発防止に努めます。再発によって運動機能の低下や認知症を引き起こす危険があるので注意が必要です。

●内科的治療……脳血管障害に対しては、専門的治療と全身管理が同時に行われなければなりません。障害された脳の機能障害を最小限にすることを目標として専門的な治療を行い、脳血管障害にともなう全身への悪影響を最小限にするよう全身管理を行います。脳の専門的な治療だけでは不十分であり、脳血管障害にともなう合併症(心不全、ストレス性潰瘍、肺炎など)を予防するための全身管理が必要になります。

●外科的治療……脳内血腫除去術、脳動静脈奇形摘出術、脳動脈瘤クリッピング手術、頭蓋内外バイパス手術などを行います。
●血管内治療……大腿動脈からカテーテルを挿入し、X線透視装置で見ながら腹部大動脈を経て大動脈弓へ近づけます。そして、病変部にいたる動脈を選んで首までカテーテルを挿入し、さまざまな道具を使って血管の中から病変部を治療します。

　この開頭しなくても安全な治療を正確に行うことが可能な治療法は、余病のある患者のために開発された方法で、安全性・有効性が認められています。また、切開の必要がないため、患者の心身ストレスが少ない治療法であるといえます。

■図表3-3　脳血管障害の特徴

	脳出血	クモ膜下出血	脳血栓	脳塞栓
一過性脳虚血の前駆症状	なし	なし	しばしばある（不全まひ、めまい）	時にある
発症・症状	活動中に発症することが多く、症状は急速に進行する	激烈な頭痛で突発し、嘔気・嘔吐を伴う	休息時に起こることが多く、徐々に症状が進行する	突発し、数分以内に症状が完成する
意識障害	多くで認められ、急速に昏睡に陥ることもある	発症時、一過性に失うことがある	一般に軽度	一般に軽度
高血圧の既往	ほとんどの場合、常にある	いろいろ	いろいろ	いろいろ
頸部硬直	まれ	認められる	なし	なし
年齢	40～50歳代に多くみられる	40～60歳代に多くみられる	高齢になるに従い多くみられる	年齢に関係ない

(3) 介護上の注意点

　脳血管障害については、急性期を過ぎても後遺症が多く、障害の状態に合わせた介護が必要となります。

①完全まひ：主に健側を使った介護を行います。

②不全まひ：まひ側の訓練のため、なるべくまひ側を使い、残存能力を最大限に活かす介護を心がけます。まひ側を下にしないように注意し、動作時には「引く動作」は避け、「押す動作」をおもに行います。また、まひ側の肩関節の亜脱臼に注意が必要です。

③顔面まひ：まぶたを閉じることができずに眼が乾燥してしまうため、点眼薬を使用します。また、口唇をちゃんと閉じることができないために、よだれが垂れてしまったり、食べ物がこぼれてしまうこともあります。表情筋の障害は人と接する際の大きなストレスとなるため、心理的ケアも大切です。

④構音障害：上手に話せないことにストレスを感じることが多いようです。声を発するのに力がいるため、ゆっくりと焦らずに話してもらうようにしましょう。

⑤嚥下障害：舌等の口腔内の動きが悪くなるために、十分に飲み込むことができず誤嚥しやすくなります。食事のときには十分な注意が必要となります。

⑥失語症：感覚性失語症と運動性失語症があります。運動性失語症の方との会話においては、「はい」「いいえ」で答えられる内容を入れて質問をします。身ぶり手ぶりでわかりやすくし、筆談などを加えてもいいでしょう。

⑦失行・失認：衣類に印をつけ順番に着られるなどの工夫をします。行動が理解しにくくても責めたりしてはいけません。また、記憶を引き出す説明をします。

　⑥⑦の状態は「高次脳機能障害」といわれ、⑦に関しては作業療法士による訓練が必要な場合もあります。

　また、前述のような介護のほか、全身状態の管理として基礎疾患を良好に保つ必要があります。移動の際には水分補給や服薬確認も怠らないようにしましょう。

B 脳性まひ

（1）原因・症状

1968（昭和43）年、厚生省脳性麻痺研究班が掲げた「受胎から新生児（生後4週以内）までの間に生じた脳の非進行性病変に基づく、永続的な、しかし変化しうる運動及び姿勢の異常である。その症状は2歳までに発現する。進行性疾患や一過性運動障害、または将来正常化するであろうと思われる運動発達遅延は除外される。」という定義が現在も使われています。

主な症状は姿勢・運動の障害です。

合併症は以下に示すように、その過程によって違ったものが発症します。

①新生児期：小頭症、てんかん、視聴覚障害、脳奇形、嚥下障害、知的障害、感覚障害、高口蓋、口蓋裂、内斜視

②成長・加齢にともなうもの：脱臼、四肢発育不全、拘縮、変形

③加齢によって生じるもの：関節症、脊髄症、脊椎症

（2）脳性まひの病型分類

①痙直型：脳性まひのタイプで最も多く、筋の緊張亢進と自ら運動しようとすることへの障害が特徴です。動作は緩慢で関節の屈曲や精神的緊張によって振戦（ふるえ）を生じることがあります。

まひは手足に起こることが多く、とくにふくらはぎの筋肉が痙直し円滑な運動が妨げられます。

片まひ、四肢まひの場合には、起立・歩行時に「はさみ歩行」とよばれる両下肢の交差が生じます。両下肢まひをともなう人は下肢の各関節を屈曲する立ち方となるため、バランスをとって歩行する立ち方の指導が必要です。

②アテトーゼ（不随意運動）型：自分の意思と無関係に顔面や上肢、下肢の指が動いてしまう不随意運動が生じます。発熱などによっても筋の緊張が高まり症状が増悪します。座位の保持やくびの座りに遅れが生じるなど身体のバランスが不安定であるのも特徴です。

③失調型：小脳の平衡感覚の障害によって上下肢運動の筋緊張のバランスが保持できないために立位・座位のバランスがとりにくくなり、転倒しやすくなります。

④その他
・固縮型……てんかんや知的発達の遅れをともないます。
・振戦型……手指が小刻みに震える不随意運動が見られます。
・混合型……①～③が混合されたものです。
・硬直型……四肢を曲げようとしたときに強い抵抗が現れます。

(3) 治療

　将来の変形・拘縮の予防や脳の代謝機能促進のためにも、早期の治療や機能訓練、リハビリテーションを行うことが重要なポイントとなります。機能低下や二次的合併症の予防に向け、治療・訓練、医療管理を行います。

(4) 介護上の注意点

　症状は人によって異なるため、詳細な症状、生活習慣などの確認や話し合い、無理な体勢にならないような介護を行います。構音障害や難聴の人もいるため、コミュニケーションのとり方を考慮して本人の意思を確認しながら行いましょう。

　股関節の亜脱臼や頸髄神経の圧迫による二次的四肢まひを起こすこともあるため、症状の観察のみならず本人の訴えも注意して聞くことが大切です。医療機関との密な連絡を維持し、緊急時には迅速な対応ができるようにしておきましょう。

　筋緊張が強いために消費されるエネルギーも大きく疲労の度合いも強くなります。脱水症状防止のために水分補給を行い、嚥下障害のある場合は水分にとろみをつけるなどの誤嚥対策も必要です。エネルギーの消費によって疲労した身体を休養させることが大切です。

C 脊髄損傷

(1) 原因・症状

　交通事故、スポーツ障害、労働災害等による脊椎骨折や脱臼が原因となって運動機能・知覚機能が消失し、まひが生じます。多くは直腸機能障害、膀胱機能障害、排尿・排便障害、自律神経障害をともないます。そのほかの原因に、先天性の脊髄損傷で二分脊椎などの脊髄奇形によるものがあります。

(2) 治療

現在、脊髄損傷の根本的治療法はないとされています。脊椎の骨折は治すことができても、脊髄損傷が完全に治ることはありません。内固定や除圧などを行ったり、ビタミン剤を投与するといったことが治療として行われています。医療機関などではさまざまな研究が行われていますが、治療法確立まであと数年はかかるといわれています。

(3) 介護上の注意点

根本的治療法がないため、脊髄損傷者への介護は重要性が高いといえます。介護を行う際は障害を受けた時期や原因、損傷部位など、本人や家族から情報を得ておくことが必要です。人によって障害の程度や症状が異なるので、どのような援助が必要になるのか、よく確認しておきましょう。

①褥瘡：同じ体位による同じ部位への長時間の皮膚圧迫や座位姿勢時のズレなどにより、褥瘡が発生しやすくなります。体位変換や皮膚の清潔保持、マッサージ、ズレを生じさせない姿勢保持などで褥瘡を予防します。

②起立性低血圧：頸髄損傷の場合、長時間臥位から座位に体位変換すると、頭蓋内の血圧が下がり、意識がもうろうとすることがあります。対処法としては、身体を後方に傾け、頭を下半身より低い位置にして血液を頭部へ送り、低血圧を解消します。

③排尿・排便：事前に介護内容を話し合いましょう。排尿・排便障害があると排尿・排便を自然に行うことはできないためカテーテルによって導尿したり、浣腸・緩下剤を併用して排便をします。

D 関節リウマチ

(1) 原因・症状

自己免疫性疾患といわれていますが原因は不明です。発症初期は骨膜の炎症が繰り返されて骨や軟骨を破壊していき、機能障害と関節の変形が起こります。さらに進行すると、顎関節の変形による開口困難、指・手の関節炎や変形による手指のこわばり、肩・肘関節の変形による起立困難や座位保持の困難、食欲低下、貧血、微熱、ADL（日常生活動作）の制限などが現れます。

(2) 治療

　根本的治療法は未確立であり、早期からのリハビリテーションや日常生活指導で関節機能を維持することが大切です。

　主に薬物治療を用いますが、心臓・腎臓・肺に血管炎が起こり、心筋炎、腎機能障害、胸膜炎をともなった場合には「悪性関節リウマチ」として難病（特定疾患）に認定されています。関節が破壊された痛み、炎症による痛み、増殖した骨膜による痛みなど状態に応じて薬物療法、手術療法、リハビリテーションなどの治療が行われます。手術療法としては、人工関節置換術が主流となっています。

●薬物療法の薬剤の種類

・非ステロイド系消炎鎮痛剤……痛みと炎症を抑えます。
・抗リウマチ特殊薬剤……病気を起こす根本的な部分に働きかけ、病気の進行を抑える目的で使用されます。
・副腎皮質ステロイド剤……炎症を強力に抑えます。少量で効き目が現れますが副作用もあるので注意が必要です。

(3) 介護上の注意点

　頸椎に亜脱臼を呈する場合、悪化を防ぐため頸部を前かがみにしないように注意します。亜脱臼が高度になると自律神経や痙性まひが生じることになります。

　脱臼は関節が外れた状態、亜脱臼は一度外れた関節が元の位置に戻った状態です。

　移動の際には複数で介助を行うようにし、障害者の体幹を中心にして支えることが重要です。これは、関節を形成する骨・軟骨組織において破壊が進行し組織が弱くなっているためで、四肢を引っ張るなどの行為が関節をも破壊する危険性があるからです。転倒などによって簡単に骨折してしまうのも特徴で、広範囲に骨萎縮があることを覚えておきましょう。

E パーキンソン病

（1）原因・症状

　原因は不明で、脳の幹にあたる中脳の黒質にあるドーパミンニューロン（ドーパミンを産出する神経細胞）の減少によって症状が現れると考えられています。国内では人口10万人当たり約100人の患者がいるといわれ、難病（特定疾患）として認定されています。

　男女とも50歳前後から発症することが多い遺伝性の病気で、大脳基底核黒質の脳変性疾患です。一方の上肢または下肢より発症し、進行にしたがい他の部位まで症状（筋固縮や振戦）が現れます。

①筋固縮：「歯車現象」と呼ばれる、筋肉が硬まることによって生じる筋の伸長に対する間欠的な抵抗が起こります。

②振戦：安静時に自然と起こるもので、何か動作をすると症状の減少・消失が認められます。主に手足や指先に起こり、口唇や下顎で起こることもあります。

③姿勢保持障害：起立時にひじ・ひざが曲がって前傾姿勢になり、身体を伸ばそうとすると後方へ転倒しやすくなります。

④歩行障害：振戦、動作緩慢、小刻み歩行などにより、歩行に障害が現れます。また、前傾前屈姿勢からバランスを保つことが困難になり、方向転換や急停止ができずに前方に突進したり、転倒しやすくなったりします。

⑤無動：「仮面様顔貌」という、表情の変化の欠乏が起こります。動作全体も遅くなり、動き出すまでに時間を要します。

（2）治療

　治療は抗コリン剤やドーパミン神経伝達改善薬など複数の薬物を組み合わせて服用する薬物治療が主に行われます。長期的には薬物治療の効き目が薄れていく場合も多く、運動機能維持のためリハビリテーションを行い、QOL（生活の質）の向上を図ることも重要となります。

　外科的治療としては、脳の特定の部位を熱によって破壊する定位脳手術や脳の視床下核に電極を留置して電気刺激を与える脳深部電気刺激療法などがあります。

(3) 介護上の注意点

①精神的介護：薬物治療の副作用により精神的に不安定となることがあります。うつ状態になる人もいるため、慎重に本人の意思尊重がなされた介護が望まれます。また、ストレスの増加は症状の悪化につながります。本人の意思を理解し、不安の軽減を心がけましょう。

②日常生活：パーキンソン病の方は転倒しやすいので、風呂場や廊下などに手すりをつけるなど、居室内で転倒しない工夫をします。また、うつ病などの精神症状改善のため、音楽鑑賞や散歩などの気分転換を行うことは有効です。

③食事：脱水症状防止のため、水分補給を行います。水分、高たんぱく質、繊維質の多い野菜をとること、バランスのよい食事をとることが大切です。薬効を高めたい朝・昼の時間帯にはたんぱく質をとらず、1日の必要量は夕食でとると効果が高まります。

F 進行性筋ジストロフィー症

(1) 原因・症状

①デュシェンヌ型：仮性肥大型ともいわれる重症型で男児にのみ現れます。遺伝性のもので2～5歳ごろに筋萎縮・筋力低下が始まります。病気の進行にともない歩行・座位の困難、四肢の運動困難に陥ります。通常小学校高学年になると歩行ができなくなり、内臓の筋萎縮も生じると心筋障害や肺活量の低下が見られ、20歳前後で心不全・呼吸不全などで死亡するケースが多いとされています。

②ベッカー型：症状が現れるのは7歳以後で、遺伝形式や症状がデュシェンヌ型と同じにもかかわらず進行は遅く、20～30歳過ぎにおいても歩行可能である場合が多いという特徴があります。

③肢帯型：男女共に発症する遺伝性のもので、10～20歳代で発症することが多く、肩・腰から筋萎縮・筋力低下が始まり全身の筋に広がっていきます。また、下肢の筋に障害が起こることにより、尖足とよばれる、爪先が足と一直線になり、かかとがつかなくなるという症状が見られます。

(2) 治療

根本的治療が未確立であり、原因不明のため、筋力低下による関節拘縮・変形を防ぐ目的の治療が行われます。そして、起立歩行能力の維持に努め、筋のストレッチングを中心とした機能訓練が必要となります。

(3) 介護上の注意点

肩が固定していないため、わきの下に手を入れて抱き上げることはできません。介助者の腕から滑り落ちてしまう危険性があるので、身体を密着させて介助を行いましょう。また、全身の筋力低下を考慮し、四肢をひねる、引っ張るなどの亜脱臼や捻挫が起こるような行為は避けなければなりません。

G 筋萎縮性側索硬化症(ALS)

(1) 原因・症状

男性に多く(男女比は約2：1)、40〜50歳以降の中年に発症が多くみられますが、その原因は不明とされている脊髄神経の変性疾患です。感覚神経・自律神経が侵されることはなく、運動神経のみに異常は現れます。筋萎縮は手小指球筋から両側性に始まることが多く、進行性の経過をたどり、症状が進むと言語障害・嚥下障害・呼吸障害を生じます。このように、最終的には呼吸筋にまで筋萎縮が及ぶため、人工呼吸器や気管切開が必要となり、介護の負担も重くなります。

(2) 治療

難病(特定疾患)として認定された疾患で、進行を遅らせたり止めたりするような治療法はほとんどなく、栄養摂取と呼吸機能の確保やリハビリテーションを行うことで、状態を維持します。

病院や施設に入らず在宅で療養を行う方も多くいます。在宅療法としては、以下のようなことが行われます。

①中心静脈栄養：身体の中心に近く太さのある静脈から高濃度の糖分を主体とした栄養を補給します。腸の疾患があり流動食などの注入による栄養補給ができない場合や消化管の通過障害による経口摂取が不十分である場合に行います。

②**胃瘻造設**：直接胃に孔を開けチューブを入れて栄養を送ります。主に食道の通過障害に対して行われますが、嚥下機能低下でも用います。

③**人工呼吸器（レスピレーター）の装着**

(3) 介護上の注意点

　日常生活を援助するために、さまざまな補助具や機器を使用します。

①**食事**：嚥下障害に陥ると経口摂取がむずかしくなるため、少量で高栄養の食事を心がけます。

②**筋力トレーニング**：医師や理学療法士と相談しながら全身の筋肉を使う訓練などをして、筋力維持と筋萎縮の予防に努めます。

③**拘縮の予防**：医師や理学療法士と相談しながら関節が曲がったまま固まることを防ぐため、筋肉や関節を痛めないよう注意しながら関節を可能な範囲で動かすようにします。

第4章 障害者をとりまく社会環境

I 障害者の環境の移り変わり

§1 障害の多様化

A 障害者の高齢化

　2016（平成28）年に行われた「生活のしづらさなどに関する調査（全国在宅身体障害児・者等実態調査）」（厚生労働省）によると障害者の総数はおよそ593.2万人となっています。複数の障害がある人もいるため、重複している場合もありますが、国民の5％近くが何らかの障害のあるものと考えてよいでしょう。

　2016年の同じ調査の資料で、障害者手帳所持者の年齢階層別の内訳（複数回答）に目を向けると、身体障害者手帳所持者428.7万人のうち、18歳未満6.8万人（1.5％）、18歳以上65歳未満101.3万人（23.6％）、65歳以上311.2万人（72.6％）、75歳以上195.9万人（45.7％）となっており、高齢化が進展していることがわかります。わが国の高齢化率（総人口に占める65歳以上の割合）は、2016年には27.3％ですが、身体障害者においてはその約4倍の割合で高齢化が進んでいることになります。

　また、2017（平成29）年に内閣府が実施した「障害者に関する世論調査」の結果によれば、「障害のある人が身近で普通に生活しているのが当たり前だ」というアンケートに対して、88.3％の人が「そう思う」と回答しており、障害の問題が健常者の生活にとって身近な問題であることが読みとれます。

第4章　障害者をとりまく社会環境

■図表4-1　障害者手帳所持者数

		総　数
身体障害者手帳		428.7万人（34人）
	18歳未満	6.8万人
	18歳以上	412.5万人
	年齢不詳	9.3万人
療育手帳		96.2万人（ 8人）
	18歳未満	21.4万人
	18歳以上	82.9万人
	年齢不詳	1.8万人
精神障害者保健福祉手帳		84.1万人（ 7人）
	18歳未満	1.4万人
	18歳以上	79.4万人
	年齢不詳	3.3万人

資料：厚生労働省「生活のしづらさなどに関する調査（全国在宅身体障害児・者等実態調査）」（2016年）
注1：人口推計による2011年10月1日現在の総人口は1億2,693万3千人。
注2：（　）内の数字は、人口1,000人当たりの手帳所持者数。

■図表4-2　年齢階層別障害者手帳所持者数（身体障害者手帳）　　　単位：万人（％）

～17歳	18歳～64歳	65歳～	不祥	
6.8 (1.5)	101.3 (23.6)	311.2 (72.6)	9.3 (2.2)	428.7

資料：厚生労働省「生活のしづらさなどに関する調査（全国在宅身体障害児・者等実態調査）」（2016年）

■図表4-3　年齢階級別にみた身体障害児・者数（在宅）の人口比（対千人）　　単位：人

0～9歳	10～19歳	20～29歳	30～39歳	40～49歳	50～59歳	60～64歳	65～69歳	70歳～
3.0	4.1	5.9	6.4	9.8	20.3	40.6	56.1	104.3

資料：厚生労働省「生活のしづらさなどに関する調査（全国在宅身体障害児・者等実態調査）」（2016年）

B 障害の重度化と重複化

「生活のしづらさなどに関する調査(全国在宅身体障害児・者等実態調査)」(2016年)で在宅の身体障害児・者の障害程度別内訳を見ると、1級139.2万人(32.5％)、2級65.1万人(15.2％)で、1級・2級の重度障害者が全体の約半数を占めていることがわかります。

1級は両目がほとんど見えない人、両足の機能が失われ車いすを使用している人、心臓ペースメーカーを付けている人などが該当します。

2級は両耳がほとんど聞こえない人、片方の腕がまったく使えない人などです。

「身体障害児・者実態調査」(厚生労働省、2006年)の「障害の重複状況(身体障害者・在宅)」では、在宅の身体障害者のうちで「2種類以上の身体障害」である人は31万人(全体の11.5％)となっています。

重複状況についての内訳は、「肢体不自由と内部障害(内臓機能の障害)」が29.4％、「肢体不自由と聴覚・言語障害」が26.1％と、それぞれに3割近い比率となっています。

また、3種類以上の重複障害者も54,000人(17.4％)います。在宅の知的障害者で身体障害を併せ持つ人は全体の17.1％を占めています(図表4-4)。

■図表4-4　障害の重複状況(身体障害者・在宅)

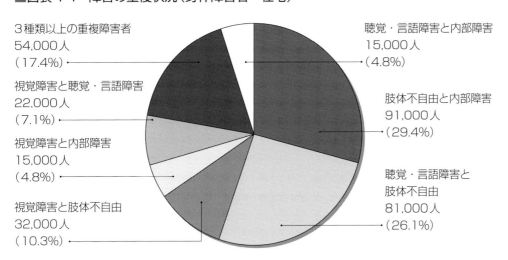

資料：厚生労働省「身体障害児・者実態調査」(2006年)

C 高齢化と日常生活動作

障害者手帳所持者のうち、生活のしづらさが大きくなっていると答えている人は、65歳未満では、30.1％、65歳以上では44.1％。また、生活のしづらさを感じている頻度についても、毎日感じている人の割合が、65歳未満では、35.9％、65歳以上では42.5％と、高齢者ほど生活のしづらさが大きくなっていると感じている人の割合が多いことがわかります。

また、身体障害者手帳をもっている人のうち、介助を必要とする人の割合は、食事や排せつは比較的低いものの、食事の支度は65歳未満で27.9％、65歳以上では28.3％、買い物は65歳未満で31.2％、65歳以上では38.4％となっています（図表4-5）。

障害者の暮らしやすい環境・条件を阻害している心理的・物理的障壁をなくしていこうとする動きによって本当の「バリアフリー」が実現されると考えられます。

■図表4-5　日常生活を送る上で介助が必要な身体障害者手帳所持者数

		65歳未満	65歳以上
ADL	食事をする	15.7％	10.7％
	排せつをする	16.3％	13.3％
	入浴をする	23.7％	26.6％
	家の中を移動する	14.7％	13.4％
	衣服を着たり脱いだりする	21.7％	18.8％
IADL	食事の支度や片づけをする	27.9％	28.3％
	身の回りの掃除、整理整頓をする	30.4％	31.7％
	洗濯をする	25.8％	27.6％
	買い物をする	31.2％	38.4％

資料：厚生労働省「生活のしづらさなどに関する調査（全国在宅身体障害児・者等実態調査）」（2016年）

§2 障害者に対する社会のイメージ

A 障害者への偏見と「心のバリア」

　重度の障害者であっても、積極的に多くの人とかかわり、いきいきとした社会生活を送っている人はたくさんいます。しかし、重い障害があるために、活動範囲や行動が狭められ、他の人たちと同じような体験はできないと思いこんでいる人たちもいます。また、人生の中途において障害者となり、以前の生活が続けられなくなった人の場合には、かつての自分との違いに悲観し、生きる意欲を失ってしまうこともあります。

　障害者が就職や社会参加など外部とのかかわりをもつ際、障害者を受け入れる社会のほうにそれだけの理解や態勢が整っていない場合は、やり場のない戸惑いや困難を経験し、自立への意思を後退させてしまうことがあります。偏見は社会に存在する「心の壁」です。それが健常者と障害者を隔てる社会的障壁、すなわち、「心のバリア」となって、障害者の気持ちや行動を阻んできます。

　「バリアフリー」は障害のある人の行動や気持ちを妨げる障壁（バリア）をとりのぞくことを意味する言葉ですが、障害者の自立と生活の質の向上のためには、その人の気持ちや行動が阻害されるまえに、社会から心理的・物理的バリアをのぞいていくことが不可欠です。障害があるというだけで、健常者との違いはほかにありません。障害のある人も、ない人も、生きることの豊かさや可能性においては、何ら変わりないでしょう。

　こうした点をよく理解し、地域の中に暮らす健常者と障害者が、生きることの豊かさ、喜び、悲しみをともに分かち合い、支え合うことから、社会における本当のバリアフリーの意識と対策が生まれ、広がっていくのです。

B 「社会的不利」から「生活機能」の拡大へ

　WHO（世界保健機関）が1980（昭和55）年に発表した国際障害分類（ICIDH）では、障害者の理解について、①機能障害、②能力低下、③社会的不利という3つの側面からとらえています。

これは、疾病や事故の結果もたらされる障害は、生活上の能力低下を生じさせ、それによって、社会生活上の不利益（社会的不利）をこうむる、という経過をマイナス方向に沿ってとらえた「障害者理解」でした。

　このマイナスの障害者理解は、障害者の自立と社会参加を長い間阻害してきたと考えられます。主体性と積極性というプラスの視点をもち、地域の一員として地域に根ざした生活を他の住民と共に営んでいくことが障害者のあるべき姿だといえるでしょう。障害のある人も、ない人も、同じように、というノーマライゼーションの考え方に立てば、このような主体的側面の欠落は、「生きることの豊かさ」を見落とした、きわめて消極的な、一方的な見解ということになるでしょう。

　そうした反省にもとづいて、WHOでは2001（平成13）年に、マイナスからプラスへの視点の変換を図る国際生活機能分類（ICF）を発表しました。これは障害というマイナスの視点にかえて、「生活機能」（「心身機能・身体構造」「活動」「参加」を包括したもの）というプラスの視点からスタートした障害者理解です（図表4-6）。実りある豊かな人生を送ることは生活機能を活かし社会に参加してゆくことです。この点は障害者も健常者も同じことです。そして、そこから発想を広げ、障害のある人の意欲と能力を引き出し、「生活機能」を高め、自立を支援していこうというのが国際生活機能分類（ICF）の主旨といえます。

　この国際生活機能分類（ICF）では生活機能を高め、自立を現実化していく具体的なプロセスとして、日常生活の中の「活動」と「参加」をより活発にしていくことを提唱しています。

■図表4-6　ICFの概念図

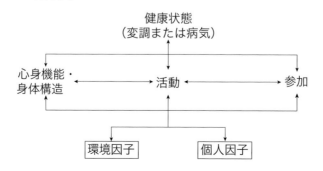

C バリアフリーへの取り組みと進展

　障害への無理解・偏見によって心理的バリアが生まれるのと同じように、物理的にも、障害への無理解によるバリアが存在しています。近年では、地域社会における物理的なバリアに対しては、国や地方自治体の取り組みによって整備が進んできました。障害のある人が自立して生活するために、地域全体を障害のある人にとって利用しやすいものへ変えていくことの重要性が広く認識されつつあります。

　バリアフリーに対する主な施策としては、①バリアフリー新法（高齢者、障害者等の移動等の円滑化の促進に関する法律）、②バリアフリー整備ガイドライン（旅客施設編・車両等編）があります。

①バリアフリー新法：「高齢者、身体障害者等が円滑に利用できる特定建築物の建築の促進に関する法律」（ハートビル法、平成6年）と「高齢者、身体障害者等の公共交通機関を利用した移動の円滑化の促進に関する法律」（交通バリアフリー法、平成12年）が統合され、平成18（2006）年に制定されました。新たに対象エリアの拡大などの内容が盛り込まれ、当事者参加促進のための制度が創設されました。

②バリアフリー整備ガイドライン（旅客施設・車両等編）：「バリアフリー新法」が施行されたことを受け、平成13年に策定されたガイドラインがそれぞれ見直され、平成19（2007）年に公共交通機関の旅客施設・車両等の望ましい整備内容等を示す、「公共交通機関の旅客施設の移動等円滑化整備ガイドライン」（旅客施設編）と、「公共交通機関の車両等の移動等円滑化整備ガイドライン」（車両等編）の2つが策定され、現在も改訂が行われています。

　こうしたバリアフリーへの取り組みにより、障害者の移動時における障壁の解消が進展し、外出における不安も軽減されてきました。現在、幅の広い歩道の設置や段差の解消、エレベーターやスロープの設置、公園整備等の憩いの場や交流の場の確保、車いす用トイレの増加、車いす利用者専用駐車場の設置等、福祉の観点をふまえた総合的な地域の見直しが各地で行われています。また、居室内における物理的バリア対策としては、ADL（日常生活動作）の低下を補う福祉用具、補装具などの利用も推進されています。

なお、バリアフリー整備ガイドライン（旅客施設編）によって定められた各種事項は以下のとおりになっています。

移動経路（①移動等円滑化された経路／②公共用通路との出入口／③乗車券等販売所、待合所、案内所の出入口／④通路／⑤傾斜路（スロープ）／⑥階段／⑦昇降機（エレベーター）／⑧エスカレーター）、誘導案内設備（①視覚表示設備／②視覚障害者誘導案内用設備／③緊急時の案内用設備）、施設・設備（①トイレ／②乗車券等販売所・待合所・案内所／③券売機／④休憩等のための設備／⑤その他の設備）

D 障害者の社会参加活動

障害者の社会参加活動には、通学や就労をはじめ仲間とのグループ活動や地域社会の諸行事など、形態・目的はさまざまです。障害のある人が自分の意思をもって、多くの人とかかわりをもちながら社会の一員として共同作業を体験し、実りある豊かな活動をしていくことが「障害者の社会参加」です。このような参加活動を活発に行うことによって、社会の一員として豊かな生活が営めると考えられます。

2003（平成15）年4月に身体障害者、知的障害者、障害児に対する「支援費制度」が導入され、障害者に関する施策は、従来の措置制度から大きく変わりました。しかし、支援費制度の導入によってサービス利用者が急増し、国と地方自治体の費用負担だけでは財源確保が困難になりました。また、サービス提供に関して、障害種別ごとに縦割りで整備が進められてきたことから「格差」が生じ、事業体系がわかりにくい状況となっていました。さらに、自治体によってサービス提供体制と整備状況が異なり、全国共通のルールもないため、地域による格差も生まれていました。以上のようなことから障害者によっては働く意欲があるにもかかわらず、その機会が与えられていないという状況もありました。

こうした制度上の問題を解決し、障害者が地域で安心して暮らせる社会を実現するために「障害者自立支援法」が2005（平成17）年に成立し、翌2006（平成18）年4月1日から順次施行され、その後大幅な改正により「障害者総合支援法」

と名称も改められ2013年に一部を、2014年から主要な条項が施行されています。また、障害者雇用促進法も2005年に改正され、雇用と福祉の連携による就労支援を展開しています。

(1) 地域生活支援事業等

　市町村及び都道府県が実施主体として、地域で生活する障害者等が障害福祉サービスやその他のサービスを利用しつつ、その有する能力および適性に応じ、自立した日常生活または社会生活を営むために必要な事業を実施することとされています。必須事業(20頁参照)の一部にも位置付けられていますが、特に

■図表4-7　地域生活支援事業(任意事業)で行われる日常生活、社会参加、就業・就労の支援

	市町村事業	都道府県事業
日常生活支援	(1) 福祉ホームの運営 (2) 訪問入浴サービス (3) 生活訓練等 (4) 日中一時支援 (5) 地域移行のための安心生活支援 (6) 巡回支援専門員整備 (7) 相談支援事業所等(地域援助事業者)における退院支援体制確保 (8) 協議会における地域資源の開発・利用促進等の支援 (9) 児童発達支援センターの機能強化	(1) 福祉ホームの運営 (2) オストメイト(人工肛門、人工膀胱造設者)社会適応訓練 (3) 音声機能障害者発声訓練 (4) 児童発達支援センターの機能強化 (5) 矯正施設等を退所した障害者の地域生活への移行促進 (6) 医療型短期入所事業所開設支援 (7) 障害者の地域生活の推進に向けた体制強化支援事業
社会参加支援	(1) レクリエーション活動等支援 (2) 芸術文化活動振興 (3) 点字・声の広報等発行 (4) 奉仕員養成研修 (5) 複数市町村による意思疎通支援の共同実施促進 (6) 家庭・教育・福祉連携推進事業	(1) 手話通訳者設置 (2) 字幕入り映像ライブラリーの提供 (3) 点字・声の広報等発行 (4) 点字による即時情報ネットワーク (5) 都道府県障害者社会参加推進センター運営 (6) 奉仕員養成研修 (7) レクリエーション活動等支援 (8) 芸術文化活動振興 (9) サービス提供者情報提供等 (10) 障害者自立(いきいき)支援機器普及アンテナ事業 (11) 企業ＣＳＲ連携促進
就業・就労支援	(1) 盲人ホームの運営 (2) 知的障害者職親委託	(1) 盲人ホームの運営 (2) 重度障害者在宅就労促進(バーチャル工房支援) (3) 一般就労移行等促進 (4) 障害者就業・生活支援センター体制強化等 (5) 就労移行等連携調整事業

(「地域生活支援事業実施要綱」令和3年3月29日改正より)

任意事業では日常生活または社会生活に必要な事業が行われています。次項「(2)障害者の就労支援」に関わる事業も併せ、**図表4-7**に整理しておきます。

(2)障害者の就労支援

　障害者施策の基本理念であるノーマライゼーションの実現のためには、職業を通じての社会参加が基本であり、障害のある人がその適性と能力に応じて可能な限り雇用の場に就くことができるようにすることは大変重要なことです。障害者自立支援法においては、障害者の就労支援を大きな柱の1つとしており、福祉サイドからの就労支援を充実強化するため、「就労移行支援」や「就労継続支援」等の事業が創設されました。そして障害者総合支援法への改正に伴い、「就労定着支援」が追加されています。また就労継続支援は雇用型、非雇用型に分けられました。

(3)福祉用具

　在宅の重度身体障害者の日常生活の便宜を図るための日常生活用具（浴槽、入浴補助用具、特殊便器、特殊マット、特殊寝台、体位変換器、身体障害者用の移動用リフト、重度障害者用の意思伝達装置、福祉電話など）の給付・貸与については市町村が申請の窓口となっています。

(4)情報通信の利用

「障害者利用円滑化法」（身体障害者の利便の増進に資する通信・放送身体障害者利用円滑化事業の推進に関する法律）及びこれに基づく施策では、身体上の障害がある人が情報通信の利用に支障が生じている場合、情報通信を実質的に利用可能となるように補完、代替、アクセスの改善を図ることとされています。高齢者や障害のある人が情報通信を利用する上での障害（バリア）をなくし、すべての人が情報通信を利用できる社会を「情報バリアフリー社会」と呼んでいます。NICT（国立研究開発法人　情報通信研究機構）では、情報バリアフリー社会の実現に向けたさまざまな支援を行っています（http://www.nict.go.jp/）。

　また2020（令和2）年には、聴覚障害者等による電話の利用の円滑化に関する法律が制定されました。聴覚障害者等の電話による意思疎通を手話等により仲介する電話リレーサービスの提供の業務を行う者を指定し、指定を受けた者に対して交付金を交付しています。

Ⅱ 医療関係の基礎知識

§1 医療制度の基礎

　日本の医療保険制度は、相互扶助精神を基盤としたものです。1958（昭和33）年の国民健康保険法の改正によって1961（昭和36）年から実施されたのが日本の医療制度の基礎となる「国民皆保険」です。この社会保障制度は、すべての人が加入し、お金を出し合って運営する仕組みになっています（**図表4-8**）。

　保険の種類としては、サラリーマンが加入する職域保険（被用者保険）、自営業者などが加入する地域保険（国民健康保険）、75歳以上の人が加入する後期高齢者医療保険の3つに大別されます。なお、職域保険（被用者保険）は、企業のサラリーマン等が加入する健保組合・協会けんぽ、公務員等が加入する共済組合などに分かれています。

　また、医療保険制度に加入しない生活保護受給者も医療扶助制度で医療サービスが受けられるなど日本は多くの法律によって国民の医療保障を行っています。

■図表4-8　医療保険のしくみ

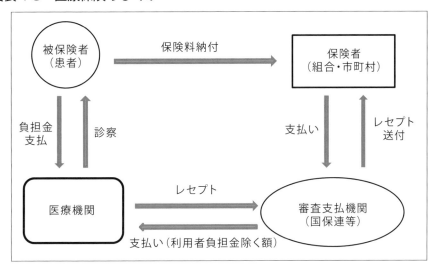

厚生労働省は、我が国の国民皆保険制度の特徴として、①国民全員を公的医療保険で保障、②医療機関を自由に選べる、③安い医療費で高度な医療、④社会保険方式を基本としつつ、皆保険を維持するため、公費を投入、の4つをあげています。被保険者の負担割合も生活状況に応じて変える制度（図表4-9）であることも日本の医療制度の特徴でしょう。

■図表4-9　被保険者の医療費負担割合

- 義務教育就学前：2割負担
- 義務教育就学後から69歳：3割負担
- 70歳から74歳：2割負担（現役並み所得者は3割負担）
- 75歳以上：1割負担（一定所得以上2割（2022年度後半から）、現役並み所得者は3割負担）

なお、後期高齢者医療制度は、2008（平成20）年4月からスタートした最も新しい医療制度です。この制度の対象者は、75歳以上の高齢者であることが原則ですが、65歳以上75歳未満であっても寝たきり等の一定の障害があると認定された人も、後期高齢者の被保険者となります。

後期高齢者医療制度は、加入者が個人単位で保険料を支払うシステムで、年金から天引き（特別徴収）されるのが一般的です。ただし、年金額が年額18万円未満（月額1万5千円未満）の人は年金から天引きされず、口座振替または納付書による現金支払いとなります。

また、障害者には、自立支援医療制度があります。これは、心身の障害を除去・軽減するための医療費の自己負担額を軽減する公費負担医療制度です。対象となる人は、①統合失調症などの精神疾患を有する者であって、通院による精神医療が継続的に必要な者、②身体障害者手帳の交付を受けた者であって、その障害を除去・軽減する治療を行うことにより確実に効果が期待できる者（18歳以上）、③身体に障害を有する児童であって、その障害を除去・軽減する治療により確実に効果が期待できる者（18歳未満）と定義づけられています。自立支援医療制度の対象となる主な障害とその治療例には、①精神疾患⇒向精

神薬、精神科デイケア利用等、②肢体不自由⇒人工関節置換術、③視覚障害⇒白内障の水晶体摘出術、④内部障害⇒心臓機能障害の弁置換術やペースメーカー埋込術、腎臓機能障害の腎移植や人工透析などがあります。

医療費の軽減を可能にするその他の制度には、「重度心身障害者医療費助成制度」「難病医療費支援制度」「高額療養費制度」「療育医療」などがあります。ただし、受給には所得の制限があったり、対象疾患や助成内容が各自治体によって異なったりするため居住地の市町村に問い合わせることが必要です。

§2 在宅看護の基礎

在宅看護とは、家庭で療養生活をしている患者を看護職が看護することであり、その対象は、寝たきり状態の高齢者及び障害者（障害児）・慢性の疾患をもつ患者などです。また、在宅看護とは、その人の「家」つまり利用者の「生活の場」で展開される看護をいいます。援助理念は介護同様で、利用者やその家族の価値観やライフスタイル、QOLを尊重しながら安全で快適な日常生活を利用者（患者）及びその家族と共に創っていくこととしています。

在宅介護と在宅看護の違いは対象者の条件です。在宅介護は「病気や障害を抱え日常生活を営む上で支援が必要な者」が対象者となりますが、在宅看護は、この条件に加え「医療的な処置が必要な者」が対象者です。

この在宅看護は、「訪問看護ステーション」と呼称される訪問看護事業者が行います。なお、訪問看護事業者には、病院・診療所が実施するものと、独立した形態の訪問看護ステーションが実施するものの2種類があります。

病院・診療所が実施する訪問看護の場合、その医療機関を受診している患者に限定されますが、独立型の訪問看護ステーションの場合は、主治医は限定されません。この訪問看護サービスは、看護師だけでなく理学療法士（PT）、作業療法士（OT）、言語聴覚士（ST）なども行います。

訪問看護サービスを利用する利用者（療養者）が、要介護認定または要支援認定を受けている場合は、介護保険を使った訪問看護サービスを利用しますが、末期のがん（悪性腫瘍）や急性かつ重篤な疾病等の利用者（療養者）に対する訪

問看護サービスは、医療保険からの給付となります。

介護保険制度を使った訪問看護及び介護予防訪問看護とは、看護師等が利用者の居宅を訪問して、病状の観察、診療の補助（医療処置やバイタルサイン測定等）、療養上の世話（清潔や排せつの支援等）、機能訓練を行うサービスです。利用に際し、医師の指示が必要であることは医療保険の訪問看護と同じです。

医療ニーズの高い利用者（療養者）の心身の安定は、医師の指示を受けた医療専門職が他の職種と円滑に連携することで実現されるでしょう。

■図表4-10　訪問看護の業務

- 医療行為の必要な利用者（療養者）の処置
- 褥瘡（床ずれ）の予防やリハビリテーション
- 自宅における療養生活の援助
- 病気に対する不安等への相談受理及び助言
- 入院患者、施設入所者の一時帰宅時の援助
- 家族不在時の代理看護
- 症状観察が必要な在宅療養者の身の回りの援助

（身の回りの援助⇒清拭・洗髪・入浴・食事介助・排泄介助等）

■図表4-11　訪問看護に係る制度改正（2012年の介護保険法改正）

- 訪問看護サービス事業の介護報酬の増額改定
  （退院時共同指導加算、初回加算、看護・介護職員連携強化加算、要介護5の者に対する訪問看護加算等）
- 定期巡回・随時対応型サービスの創設（訪問看護と訪問介護の密接な連携）
- 複合型サービス[注]事業所の創設（訪問看護と小規模多機能型居宅介護の組合せ）

注）2015年4月より「看護小規模多機能型居宅介護」に名称変更

訪問看護事業の運営基準にはサービス提供困難時の対応、居宅介護支援事業者等との連携、利用料等の受領、指定訪問看護の取扱方針、訪問看護計画書・報告書の作成、同居家族に対する訪問看護の禁止、緊急時等の対応、記録の整

備などが定められています。図表4-12に指定訪問看護の取扱方針をあげておきます（なお、これは介護保険法に基づく訪問看護の運営基準です）。

■図表4-12　指定訪問看護の取扱方針

（指定訪問看護の基本取扱方針）
1　指定訪問看護は、利用者の要介護状態の軽減又は悪化の防止に資するよう、療養上の目標を設定し、計画的に行われなければならない。
2　指定訪問看護事業者は、自らその提供する指定訪問看護の質の評価を行い、常にその改善を図らなければならない。

（指定訪問看護の具体的取扱方針）
1　主治の医師との密接な連携及び訪問看護計画書に基づき、利用者の心身の機能の維持回復を図るよう妥当適切に行う。
2　懇切丁寧に行うことを旨とし、利用者又はその家族に対し、療養上必要な事項について、理解しやすいように指導又は説明を行う。
3　医学の進歩に対応し、適切な看護技術をもって、これを行う。
4　常に利用者の病状、心身の状況及びその置かれている環境の的確な把握に努め、利用者又はその家族に対し、適切な指導を行う。
5　特殊な看護等については、これを行ってはならない。

（「指定居宅サービス等の事業の人員、設備及び運営に関する基準」の第4章「訪問看護」第4節「運営に関する基準」より、一部改変）

§3 介護保険法における特定疾病

　特定疾病とは、日本の各保険において、他の疾病と異なる扱いをする対象として定められた疾病で、どの疾病を特定疾病とするかは、保険領域によって異なります。

　厚生労働省は、介護保険制度における特定疾病の選定基準の考え方を「特定疾病とは、心身の病的加齢現象との医学的関係があると考えられる疾病であって次のいずれの要件をも満たすものについて総合的に勘案し、加齢に伴って生

ずる心身の変化に起因し要介護状態の原因である心身の障害を生じさせると認められる疾病である」とし、以下の要件（**図表4-13**）を満たすものを特定疾病と定義しました。

■図表4-13　特定疾病の要件

> 1．65歳以上の高齢者に多く発生しているが、40歳以上65歳未満の年齢層においても発生が認められる等、罹患率や有病率（類似の指標を含む）等について加齢との関係が認められる疾病であって、その医学的概念を明確に定義できるもの
> 2．3〜6ヶ月以上継続して要介護状態又は要支援状態になる割合が高いと考えられる疾病

　介護保険法では、この要件に基づいて選定した16疾患を特定疾病と位置付け、介護が必要となった40歳から64歳の人が16疾患中いずれかの特定疾病であれば、介護サービス・介護予防サービスが利用できるとしました。したがって、たとえ重度の要介護状態であっても、交通事故などが原因の40〜64歳の人の場合は、介護保険を利用することはできません。
　介護保険制度における16種類の特定疾病を**図表4-14**に示します。介護保険サービスを利用するに当たっては、あくまでも介護の必要性がサービス利用の可否を判断する基準です。第2号被保険者にとって、罹患した病気が特定疾病であることは、介護認定を受ける権利と介護保険サービスを利用できる可能性を持ったことにほかならず、疾病名＝利用可とはなりません。

■図表4-14　介護保険法における特定疾病（16種類）

> 1．がん末期（医師が一般に認められている医学的知見に基づき回復の見込みがない状態に至ったと判断したものに限る）
> 2．筋萎縮性側索硬化症（ALS）
> 3．後縦靭帯骨化症
> 4．骨折を伴う骨粗しょう症

5．多系統萎縮症

6．初老期における認知症

7．脊髄小脳変性症

8．脊柱管狭窄症

9．早老症（ウェルナー症候群等）

10．糖尿病性神経障害、糖尿病性腎症及び糖尿病性網膜症

11．脳血管疾患

12．進行性核上性麻痺、大脳皮質基底核変性症及びパーキンソン病

13．閉塞性動脈硬化症

14．関節リウマチ

15．慢性閉塞性肺疾患

16．両側の膝関節または股関節に著しい変形を伴う変形性関節症

　日常生活を営む上で障害がある40歳から64歳の人で、介護保険制度の16疾病に該当しない病気にかかった人の場合、障害者手帳を取得することで「障害者総合支援法」の福祉サービスを利用することができます。ただし、進行性の難病患者の場合は、障害者手帳がなくても障害者総合支援法の福祉サービス利用の申請ができ、障害支援区分に応じた福祉サービスが利用できます。

　なお、介護保険制度を利用できない第2号被保険者も、65歳以上になれば自動的に介護保険制度の第1号被保険者となり介護保険制度を利用する権利が得られます。そして、障害者総合支援法のサービスを利用していた第1号被保険者は、第2号被保険者になると同時に原則として介護保険のサービスを優先して利用することになります。

§4 医療・介護の連携

　ニーズの多様な要介護者の生活を支援するには医療・介護の連携が必須であることは周知されているものの円滑な連携を実践することは難しいのが現実です。連携には、地域による差、事業所による差、ケアマネジャー等の専門職の

資質による差がみられるのが実態で、連携の円滑化は介護保険創設時以来の継続した課題と考えてよいでしょう。

介護保険制度では、法改正のたびに連携の円滑化を目指した取り組みを導入してきました。訪問看護の介護職員連携強化加算や定期巡回・随時対応型サービスの創設も医療・介護の連携を強化するしくみのひとつです。さらなる連携強化の取り組みは、2015（平成27）年4月から始まりました。この2015年の介護保険法の改正では、医療・介護の連携を、介護保険法の地域支援事業で行われる包括的支援事業として実施します。具体的には、包括的支援事業の中に「在宅医療・介護連携推進事業」を創設し、市区町村が主体となって取り組む事業と位置付けられたのです。その取り組みの概要は図表4-15の通りです。

■図表4-15　在宅医療・介護連携推進事業

4つの事業	事業内容（例）
(1)　在宅医療・介護連携に関して、必要な情報の収集、整理及び活用、課題の把握、施策の企画及び立案、医療・介護関係者に対する周知を行う事業	①地域の医療・介護の資源の把握 ・地域の医療機関、介護事業所の機能等を情報収集 ・情報を整理しリストやマップ等必要な媒体を選択して共有・活用 ②在宅医療・介護連携の課題の抽出 ・将来の人口動態、地域特性に応じたニーズの推計（在宅医療など） ③切れ目のない在宅医療と在宅介護の提供体制の構築 ・地域の医療・介護関係者の協力を得て、在宅医療・介護サービスの提供体制の構築を推進
(2)　地域の医療・介護関係者からの在宅医療・介護連携に関する相談に応じ、必要な情報の提供及び助言その他必要な援助を行う事業	④在宅医療・介護関係者に関する相談支援 ・コーディネーターの配置等による相談窓口の設置 ・関係者の連携を支援する相談会の開催
(3)　在宅医療・介護連携に関する地域住民の理解を深めるための普及啓発を行う事業	⑤地域住民への普及啓発 ・地域住民等に対する講演会やシンポジウムの開催 ・周知資料やHP等の作成
(4)　医療・介護関係者間の情報の共有を支援する事業、医療・介護関係者に対して、在宅医療・介護連携に必要な知識の習得及び当該知識の向上のために必要な研修を行う事業その他の地域の実情に応じて医療・介護関係者を支援する事業	⑥在宅医療・介護関係者の情報の共有支援 ・在宅での看取りや入退院時等に活用できるような情報共有ツールの作成・活用 ⑦在宅医療・介護関係者の研修 ・多職種の協働・連携に関する研修の実施（地域ケア会議含む） ・医療・介護に関する研修の実施

（4つの事業は介護保険法施行規則第140条の62の8（令和3年4月1日改正施行）より。事業例は厚生労働省「在宅医療・介護連携推進事業の手引きVer.3」令和2年9月より）

各市区町村は、原則として、図表4-15の事業を実施することになります。

事業の創設時は介護保険法施行規則が示す内容に合わせ8つの事業が示されていましたが、2020（令和2）年にPDCAサイクルに沿った取り組みをしやすくする観点から見直され、法施行規則も改正されています。改正施行規則は4つの事業を示しており、図表4-15の（1）の事業は現状分析、課題抽出、施策立案など（Plan）、（2）～（4）が対応策の実施（Do）で、それらを踏まえ対応策の評価・改善（Check、Act）を図っていくことになっています。

　なお、医療・介護の連携を強化するための取り組みのひとつの「在宅医療・介護関係者の研修」とは、地域の医療関係者が介護について学び、介護関係者が医療について学ぶことだと国は説明しています。また、地域の医療・介護関係者が一緒に多職種連携の実際等についてグループワークを通して学ぶという研修を行うことも実施すべき事業のひとつとしてあげられています。これらは互いの職務を理解し連携の質を上げることを狙って創設された事業といえるでしょう。

　また、「地域住民への普及啓発」という事業は、地域住民に在宅医療と介護が連携することの必要性や重要性について理解を促すものです。講演会の開催やパンフレットの作成・配布が具体的な内容となります。

　どの事業も医療・介護の連携強化を助けるものではありますが、実践体制を整えるには市区町村のリーダーシップ力が鍵となります。市区町村には地域で生活する利用者の生活の質（QOL）の維持向上を連携の目的とし、医療・介護の連携を早急に構築することが期待されています。

■図表4-16　在宅医療・介護の連携イメージ

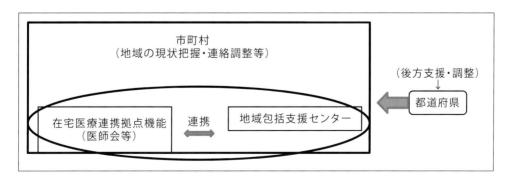

§5 非医行為の範囲

　医師、看護師等の免許（業務独占免許）を持たない者が医行為を行うことは禁止されています（医師法第17条、歯科医師法第17条、保健師助産師看護師法第31条）。ホームヘルパーの行為には、解釈によっては医行為か非医行為か判断に迷う行為がたくさんあります。このような中で長年ホームヘルパーは悩みながら介護実践してきました。

　「爪切り」「体温測定」「血圧測定」「湿布薬等塗り薬の塗布」「服薬介助」などがその一例です。医行為かもしれないと思っても独居高齢者や高齢者世帯の生活の支援では、「目がよく見えない」「手が届かない」などの利用者の状況からやらざるを得ない状況になっていたのです。

　このような状況の中、厚生労働省は、2005（平成17）年に「医行為でないもの」を整理し、「医師法第17条、歯科医師法第17条及び保健師助産師看護師法第31条の解釈について」の通知を出しました。その通知文は「（略）……、近年の疾病構造の変化、国民の間の医療に関する知識の向上、医学・医療機器の進歩、医療・介護サービスの提供の在り方の変化などを背景に、高齢者介護や障害者介護の現場等において、医師、看護師等の免許を有さない者が業として行うことを禁止されている『医行為』の範囲が不必要に拡大解釈されているとの声も聞かれるところである。このため、医療機関以外の高齢者介護・障害者介護の現場等において判断に疑義が生じることの多い行為であって原則として医行為ではないと考えられるものを別紙の通り列挙したので、医師、看護師等の医療に関する免許を有しない者が行うことが適切か否か判断する際の参考とされたい」というものでした。

　この通知によって、医行為でないと示されたのは、①体温測定、②血圧測定、③新生児以外で入院治療の必要がない者に対するパルスオキシメーター装着、④軽微な切り傷、擦り傷、やけどについて専門的な判断や技術を必要としない処置、⑤皮膚への軟膏の塗布（褥瘡の処置を除く）、皮膚への湿布の貼付、点眼薬の点眼、一包化された内用薬の内服（舌下錠の使用も含む）、肛門からの座薬挿入又は鼻腔粘膜への薬剤噴霧を介助すること、の5項目でした。ただし、

これらが医行為でないと解釈されるにはいくつかの条件があります。体温測定は腋下計測（耳式電子体温計による外耳道の計測も可）であること、血圧測定は自動血圧測定器であること、医薬品の使用に関しては、事前の本人もしくは家族の具体的な依頼に基づき、医師の処方を受けて患者ごとに区分し授与された医薬品であること、薬剤師の服薬指導や看護職員の指導助言を遵守した介助をすることなどです。

さらに、利用者の容態が安定していることや医師、看護師等の免許のない無資格者が数値等を判断しないこと、これらの行為を無資格者が業としないことなどを絶対条件としたうえで、その他の医行為でない行為として「爪切り」「口腔ケア」「パウチ等の排泄物処理」「耳垢取り」「市販の浣腸器を用いた浣腸」「カテーテルの準備」は無資格者であっても行ってよい行為と認めました。留意点を含むこれらの行為の詳細は**図表4-17**の通りです。

■図表4-17　その他の医行為でない行為[注]

> 1．爪の手入れ、爪そのものに異常がなく、爪の周囲の皮膚にも化膿や炎症がない場合に、その爪を爪切りで切ること及び爪ヤスリでやすりがけすること
> 2．歯ブラシや綿棒又は巻き綿子などを用いて、歯、口腔粘膜、舌に付着している汚れを取り除き、清潔にすること
> 3．耳垢を除去すること（耳垢塞栓の除去を除く）
> 4．ストマ装具のパウチにたまった排泄物を捨てること（肌に接着したパウチの取り替えを除く）
> 5．自己導尿を補助するため、カテーテルの準備、体位の保持などを行うこと
> 6．市販のディスポーザブルグリセリン浣腸器を用いて浣腸すること
> （挿入部の長さが5から6センチメートル程度以内、グリセリン濃度50％）

注）病状が不安定であるなど、専門的な管理が必要な場合には、医行為とされることもある。

2005年の厚生労働省からの通知により、介護職等の無資格者が行う医行為ではない範囲がある程度明確になりましたが、現実は摘便などのグレーゾーンがいまだに存在します。したがって介護職は医療職と円滑な連携を取りながら利用者に不利益を及ぼさないよう留意しつつ適切な支援を実践しなければなりません。

　なお、「喀痰吸引」「経管栄養」に関しては、2011（平成23）年の介護サービスの基盤強化のための介護保険等の一部を改正する法律により社会福祉士及び介護福祉士法が改正され、一定の研修を修了した介護職員などが喀痰吸引や経管栄養を実施することが可能になりました。このように要介護者のニーズの多様化・重度化に伴い、無資格者の医行為範囲は徐々に拡大してきました。ただ、無資格者にとって医行為の範囲が広がることは、責任の範囲も広がるということです。したがって、介護専門職はこの重要性を認識し、専門職としての資質向上を目指した自己研鑽を積まなければなりません。

§6 体温測定・血圧測定・薬の飲み方と保管方法

（1）体温測定

　体温計の種類には、水銀体温計・電子体温計・耳式体温計等があります。測定場所はわきの下が一般的です。現在は電子体温計が主流になっていますが、じっとすることが苦手な子どもの体温測定を行う場合は1～2秒で測定できる耳式体温計を使うことが多いようです。

　わきの下で測る場合は、わきの下の汗を拭きとり、わきの下の中央のくぼみの奥にななめ下から体温計の先端を深く挿入し、その位置を動かさないように固定します。水銀体温計の場合は5分から10分しっかり固定することが必要です。電子体温計は種類によって測定に必要な時間が異なります。1分～2分程度で測定できる電子体温計が多いようですが、測定終了のアラームが鳴るまでは、しっかり固定しておきましょう。また、

　①汗を拭きとる
　②下着に触れないようにする

③30〜45度を目安にして下から押し上げるようにはさむ

　④ひじを脇腹に密着させ手のひらを上むきにする

　⑤説明書に書かれている時間の通り測定をする

などを守り正しい測り方を行わないと正しい数値が得られないという特徴があります。

　体温は1日中同じではありません。朝は低めで、夕方は高くなり、食事や運動の直後は高くなります。これを理解したうえで平熱を把握しておくことも大切です。

(2) 血圧測定

　人間の血圧は、常に一定ではありません。時間や環境の影響を受け、常に変動しています。したがって、血圧の測定は、きちんとした手順や環境を整えて、定期的に測定する必要があります。血圧を正確に測るポイントは以下の通りです。

　①深呼吸をして体の力を抜き、リラックスした状態にします

　②上腕（二の腕）で測定する場合、上腕が心臓の高さになるよう、座って測ります

　③毎日、同じ時間に測ります（毎日、朝・晩に測るのが望ましい）

　④同じ血圧計を使います

　電子血圧計には、上腕式血圧計、手首式血圧計、指式血圧計などがあります。指式血圧計や手首式血圧計は、持ち運びができ手軽に測れるというメリットがありますが、測定値が正確でない場合があるというデメリットもあります。正しい測定値を知るためには、上腕にカフを巻くタイプを使ったほうが良いでしょう。

　なお、トイレを我慢していたり、不安・ストレスなどを強く感じていたりするだけでも血圧は上がります。測定する1時間前は心身の安静を心がける必要があります。正しい血圧測定及び血圧管理を行いましょう。

(3) 薬の飲み方と保管方法

　薬は、効果や副作用等を考えて、その形や飲み方が決められます。また、薬は、内用剤、外用剤、注射剤の3つに大きく分けることができます。内用剤には、錠剤、散剤（粉薬）、カプセル、シロップ剤があり、外用剤には、軟膏・貼り薬、

点眼剤、トローチ、坐剤、吸入剤などがあります。また、注射剤とは、インシュリン注射などの体内に注射器で入れるものをいいます。

薬の中で飲みにくいものは、散剤（粉薬）やカプセル剤でしょう。カプセル剤は口に入れた後、下を向いて多めの水と一緒に飲み込むと飲みやすくなることがあります。ちなみに錠剤は、やや上を向いて多めの水と一緒に飲み込むと飲みやすく、散剤は、先に水を口に含み、上から薬を口の中に入れて一気に飲み込むと飲みやすくなることが多いです。飲みにくい薬は、市販されているゼリー状のオブラートを使って飲んでもよいでしょう。

なお、どうしても飲めない場合は、薬剤師に相談してください。服薬は医師や薬剤師の指示に従うことが大切です。不安や疑問があったら必ず相談するようにしましょう。

また、薬は飲むタイミングも示されています。「○○時間おき」「○○時」などと時間を指定している薬もありますが、最も多いのは「食後」「食前」に飲む薬です。胃を保護する目的や効果を高める目的でタイミングも薬によって異なります。指定された飲み方をすることは命を守ることです。自己判断で服薬を調整することは命にかかわる危険なことだと認識しましょう。

■図表4-18　薬を飲むタイミング

・食前薬：食事の60～30分前に飲む薬です
・食後薬：食後、30分程度に飲む薬です
・食間薬：食事と食事の間（食事から2時間程度）の空腹時に飲む薬です

薬の保管方法は、特別の指示がない限り、湿気・日光・高温等を避けて室内で保管します。直射日光のあたる場所や暖房器具の近くには置かないようにしましょう。長時間車の中に置き忘れることもタブーです。なお、シロップ剤や坐薬などは冷蔵庫などの冷所保存が原則となっています。

また、子どもや認知症の方が食べ物と間違える場合があるので、中身を取り出して別の瓶や缶に入れることや手の届くところに置くことのないよう気をつけましょう。

§7 医療機器・医療用具の使用目的や使用上の留意点

　薬事法の改正により2015(平成27)年4月から、名称が「医薬品、医療機器等の品質、有効性及び安全性の確保等に関する法律」(略称：医薬品医療機器等法)に改められ、今まで「医療用具」と称していた物もすべて「医療機器」という名称に一本化されました。医薬品医療機器等法第2条では医療機器を「人若しくは動物の疾病の診断、治療若しくは予防に使用されること、又は人若しくは動物の身体の構造若しくは機能に影響を及ぼすことが目的とされている機械器具等であって、政令で定めるものをいう」と定めています。

　今までは医療機器の種類を、疾患の診断や治療および予防に用いられるもの(MRI・レーザー治療機器・電子体温計など)、身体の構造もしくは機能に影響を及ぼすもの(ペースメーカー・低周波治療器など)に分けていました。しかし、法改正に伴い、新たに人体に対するリスクの大きさで分類する方法が導入されました。最もリスクが高い医療機器を「高度管理医療機器」といいます。具体的には中心静脈カテーテル、機械式人工心臓弁、透析器、人工骨、ペースメーカー、人工心臓等を指します。また次にリスクが高いと判断される機器類は「管理医療機器」で、代表的な機器としては、MRI装置、超音波診断装置、X線CT診断装置などがあります。医療機器のうち最もリスクが低い機器を「一般医療機器」といいます。対外診断用機器(検査薬等)、聴診器、メス、はさみなどが一般医療機器に該当します。

　ここでは、介護専門職が利用者の生活支援の中で操作する可能性がある医療機器、知識として知っておいたほうが良いと考える医療機器について、その使用目的と使用上の留意点を説明します。

〈電子血圧計〉
・使用目的：血圧管理を行い、脳血管障害や心臓病などを予防します。
・使用上の留意点：圧迫帯を強く巻かないようにします(巻く力は常時一定にします)。電池残量を確認します。3回測定し平均値を記録することが望ましいでしょう。

〈電動吸引器〉　※研修受講が必須

・使用目的：自分の力で痰を出せなくなった人の痰を吸引して取り除きます。窒息のリスクを下げることや気管内の細菌の除去などができます。
・使用上の留意点：手指の清潔（消毒）をしっかり行います。カテーテル等を清潔に取り扱います。事前に吸引力をチェックします（医師の指示により定められた吸引圧）。吸引時間は医師の指示により定められた時間内で行います。

〈ネブライザー〉
・使用目的：気道に湿気を与え、痰を柔らかくする、気道の壁に付着している痰をはがれやすくして痰を出しやすくします。また、気道を滑らかにすると同時に気道の粘膜を保護を行います。
・使用上の留意点：腹式呼吸でゆっくり・深く深呼吸してもらいます。吸入終了後は、うがいをしてもらいます。

〈人工呼吸器〉
・使用目的：呼吸運動量の軽減、エネルギー消費量の軽減、補完的換気、肺胞換気量の維持などを行います。
・使用上の留意点：機器の作動異常の確認、口腔内の清潔保持、口腔内の適度な湿潤を保ちます。

〈パルスオキシメーター〉
・使用目的：動脈血の酸素飽和度を測定し、身体に十分な酸素が供給できているかどうかなどの確認を行います。
・使用上の留意点：自己管理用は電池式なので電池残量を確認します。健常者の数値（96〜99％）をふまえ利用者の通常値を把握します。

〈酸素ボンベ：酸素供給装置〉
・使用目的：身体の組織に必要な酸素を十分送ることで低酸素血症を改善します。呼吸数・心拍数を正常な状態に戻します。
・使用上の留意点：ボンベに衝撃を与えないようにします。引火しやすい環境に設置されてないか確認します（静電気を発生しやすい物もチェックします）。医師から指示された酸素流量を把握します。酸素残量をチェックします（酸素ボンベ）。

第5章 障害者の心理とその支援

I 先天的な障害と後天的な障害

　出生時の損傷に代表される生得的な障害を先天性障害（脳性まひなど）、ある年齢まで正常に発達していた人が途中から受けた障害を後天性障害、あるいは中途障害（脳血管障害、脊髄損傷、切断など）とよんでいます。

　中途障害者の場合は、その障害を受けた時期が人間の成長過程のどの段階かによって自分の障害に対する認識などが異なってきます。

　障害の心理的問題には一次的要因と二次的要因が大きくかかわってきます。

　一次的要因とは、障害の原因や症状などの個体的要因のことです。

　具体的には、脳損傷性か非脳損傷性か、先天的か後天的か、進行性か非進行性か、痛みの有無、症状が固定的か一過性か、障害の部位と程度、外見や容姿の異常などです。

　二次的要因とは、その人の生活における人間関係（病院、職場、学校等の周囲の環境と働きかけ、親子関係、治療、訓練、指導等を含む）と本人自身の障害の受け止め方（障害の受容の程度や自己意識などを含む）のことです。

　障害者の自立支援にあたっては、自立を阻害する原因は一次的要因か二次的要因か、また、これらの要因はどのように影響しあっているのかなどを確認することが必要です。つまり、2つの要因がかかわり合うことによって、障害の重度化や複雑化が進んでいないかどうかをチェックすることが大切になります。

　一般的には、先天性障害の場合は、障害の診断時においては本人よりも両親・

家族の心理的衝撃が強く、中途障害の場合には本人自身の衝撃や悩みが強いものです。したがって、先天性障害の場合は親や家族の精神的なサポート、後天性障害の場合は本人の障害の認知・受容に対するサポートが大切になってくるといえるでしょう。

§1 先天性障害者の心理

障害者の心理は、障害の状態の変化と自分をとりまく環境や自身の精神状態との相互作用となって現れます。その心理に大きな影響を及ぼすのが「自立」への意思と可能性、ないしは自立へ至るまでの過程でしょう。

先天性障害者の場合は、必然として親が身のまわりの介助を行います。そのため、障害者自身による判断や選択の機会が奪われ、周囲への依存心が強まる傾向にあります。こうした依存的関係から離脱し、親以外の人の介助を受けることが障害者の自立への第一歩となります。

親以外の介助者が基本行為として行う援助方法が、その人がそれまでに受けた援助とは異なる不慣れな方法であるときには、違和感や不安や苦痛をともないます。そうした条件下で、強制的に「親離れ」を強いられると、障害者のほうでは心身両面の反発から「幼少期のままにとどまっていたい」という「子ども返り（退行）」や、「引きこもり」などの退行現象を起こしてしまうことがあります。

しかし、反発は必ずしも後退ではありません。人間の成長には、「反抗期」といった個々の形成過程と段階があり、精神的に独立心・自立心の芽生えをもつ時期が「親離れ」への大きなステップをつくり出します。これは本人が同年代の仲間と親密な関係を築き上げていく段階で、親とは違った自分なりの考え方や価値観を形成していく大切な時期といえます。

こうした障害者の自立過程において生じる障害の認知と自己との関係の深まりを「障害の受容」とよんでいます。それは障害のある個人が自身の障害を全人格的に受け止め、認識し、適応して生きていく心理的過程ですが、おおむね

次のような段階に分けられます。もちろん、これは障害の程度や環境等により個人差があるため、順序通りに進むのではなく、「ゆきつもどりつ」の過程・変化をたどって受容へと至ります。

> ①ショック期：障害を自覚することで心理的ショックを受ける時期。パニック状態になる場合や、頭痛などの身体症状が現れる場合がある。
> ②防衛的退行期：自らを危機的状態から守ろうとする時期。防衛規制が働くことで衝撃を和らげようとする。障害に対して無関心な態度をとることもある。
> ③承認期：障害と向き合おうという意識が芽生える時期。障害があっても、1人の人間として生きようと努力していく姿勢がみられはじめる。
> ④適応（受容）期：自らが直面している状況を事実として認め、適応する時期。新たな価値観がめばえ、障害と共に歩もうとする。

障害者の自立へ向けての援助では、こうした過程を受け止め個別的な心理変化を理解したうえで、どのようにかかわっていくかを明らかにしていくことが大切です。

また、親へのサポートが重要な先天性障害の場合には、障害児を生んでしまったという自責の念やその他の負担・ストレスから生じる苦痛を少しでも取り除きたい一心から親が子に訓練等を強要してしまうことがあります。親自身の障害の受容と理解の過程を支援することも援助における大切な問題です。また、子どもの「適応・自立」に対して、距離を保ち見守っていく温かい目も、介助の全体を見渡す余裕のある視線として必要です。

§2 中途障害者の心理

中途障害者の援助にあたっては、受傷前の本人の性格・環境等の情報を得ておくことが大きな手がかりとなります。

自己の価値観を確立している人や周囲との関係に配慮や情熱をもてる人は障害の受容が比較的早いといわれています。その反対に物事へのこだわりの強さや偏った価値観をもつ人、過度の依存や疲労等を訴える人などは障害を受容するのが遅いといわれています。このことから、一般に、主観的で適応行動が困難になってくる高齢期の障害は、青年期・成人期の障害の受容に比べて受容時期が遅くなる傾向があります。

　「障害の受容」は、新しい生活をはじめ、後の人生を実りあるものにするためには欠かすことができません。しかし、中途障害者、とりわけ成人期に障害者となった人が、障害を認知し、受け入れ、新たな人生を生きていくためには、相当の時間と覚悟が必要です。社会や仕事における地位や家庭などをすでに築き上げている中高年層の場合は、障害者になったことで、今までの生活や価値観が崩れていくような感覚をもつこともあります。しかし、その辛い思いを、周囲の人々が真摯に受け止め支えることができれば、本人も困難や絶望を乗り越えてこれからの人生を再設計することが可能になるでしょう。

　若年層で多くみられるのは、事故などによる脊髄損傷です。若年層の場合、自分の容姿が変化してしまったことへのショックが大きくなる傾向があります。その結果、人目を気にして外へ出ることをためらったり、介助を受けることへの恥じらいから反発心が強くなってしまうことなどが考えられます。しかし、同じ障害をもつ仲間とかかわりをもつことで仲間の行動から多くを学び、自主性を取り戻す可能性もあります。やがて、スポーツや自動車の運転などへと活動範囲が広がり、自立への強い意志や目標がつくられていくでしょう。

Ⅱ　援助者としてのコミュニケーション

　コミュニケーションとは「伝える、分かち合う、共有する」という意味のラテン語から生まれた言葉です。わたしたちは、話すこと、聴くこと、書くこと、見ることなどのコミュニケーションを通じて、お互いの意思や感情や考え方、

Ⅱ　援助者としてのコミュニケーション

共通点や相違点などを確かめ合い、理解し合っています。援助者の行うコミュニケーションは、相手との関係を円滑にしたり、相互の問題を解決するための共感的アプローチが望ましいと考えられます。

§1 障害者援助とコミュニケーション

　利用者と援助者が日常生活において使うコミュニケーションを、大きく分けると、言語手段と非言語手段の2つに分けられます。言語手段には、話し言葉による音声言語と書き言葉による文字があります。非言語手段には、しぐさ・身振り、視線、表情、絵、写真などがあります。

　言語手段には非言語手段よりも正確に内容を伝えることができるという特徴があります。一方、非言語手段には、言葉に出せない感情（情動）や思いを伝えられるという特徴があります。

　考え方やイメージ、方法など、介助の実際の場面で必要とされるこれらの情報を伝達する手段としては、言語手段のほうが優れています。「このカレーライス、甘すぎないかしら」とか「その角を右折してください」という伝達事項をしぐさや身振り、表情で示すのはむずかしいでしょう。

　しかし、非言語は感情の喜怒哀楽を伝えることや、言語を強調する力があります。コミュニケーションでは、言語と非言語を統合させることが大切です。伝えたいことを正しく伝えるには言語（言葉の意味）に的確に対応させた非言語を用いることが重要であることを理解しておきましょう。

　コミュニケーションの障害とは、音声言語の理解や使用にかかわるものがほとんどです。とくに音声言語の使用が何らかの機能不全によって困難をきたし、対人関係において意思の疎通ができないような状態のことを指します。すなわち、聞き取ることができない、話すことができない、言葉の意味を理解できない、表現と構成ができない、という障害のことをコミュニケーション障害といいます。

　老人性難聴や中途失聴、発音・発話ができない構音障害、失語症や認知症な

どがそれにあたります。また、脳性まひなどによるコミュニケーション障害は発音や構音が不自由な障害といえるでしょう。

§2 利用者への接し方と介助のポイント

A コミュニケーションの大切なポイント

利用者とガイドヘルパーの間で共感的な関係が成り立つことによってはじめてガイドヘルプで必要なコミュニケーションが可能になります。そのためには、どんなことに配慮したらよいかを考えていきましょう。

ガイドヘルパーとして、何より大切なことは、利用者に対して関心と好意を寄せることです。利用者はいま、身体的、精神的な問題としてどのような問題をかかえているか、その人が必要としている援助とは何か。それを理解するためにはその人の障害の状態だけではなく、受容の過程の段階や周辺の環境等についても知っておく必要があります。つまり、その人の生活歴や性格、価値観、生きがい、家族形態等の背景についても把握・理解し、それについての相手の受け止め方を知っておくことが大切になります。

こうした背景や関係性を理解しておくことがガイドヘルパーの援助の基本であり、利用者の主体性と自己決定権の尊重につながっていきます。

そのためには、自分の価値観や方法で判断せず、利用者の気持ちに沿うこと、相手のありのままを受け入れるという姿勢が必要です。できるだけ、相手が不安や悩みを話しやすいように、受け入れやすい態度で注意深く接しましょう。また、相手のプライバシーを守る、中立を保つ、チームケアの一員としての役割と責任を自覚する、親密さと共感的態度の区別をする、などの職業人としての倫理と責任をもって行動することも重要です。

B コミュニケーション障害における介助者の対応

コミュニケーションの障害は、相手との工夫しだいで、改善することができます。たとえば、発音がうまくできない人の話でも、話の受け手がその人の発

II 援助者としてのコミュニケーション

音のくせや話し方に慣れていれば意思の疎通はスムーズです。

また、身振り手振り、絵や書き文字などを活用して意思の疎通を図ることもできます。手や指がうまく動かなくても使いやすく工夫されたワープロやパソコンなどのコミュニケーション機器を活用するという方法もあります。

コミュニケーションの障害に向き合うには、本人の改善のための働きかけだけでなく、介助にたずさわる周囲の人たちの障害に対する理解が大きな意味をもちます。

人間は、親身になって話を聴いてくれる人に対しては、警戒心を解き、好意をいだくものです。コミュニケーションにおいては、「よい聞き手、よい話し手」となることが大切です。具体的には以下のことに注意します。

①傾聴—心を傾けて聞く

相手の「言葉」を聞くだけではなく、「心」を聞くという気持ちが必要です。そのためには、相手の目を見て話を聞きます。相手が車いすやベッドにいるときなどは、腰を落として、相手と同じ高さに視線がくるようにします。

②反応を返す

相手の言葉に対し、うなずいたりあいづちをうったりして、話をしっかりと聞いていることを伝えます。「〜ということですね」と相手の言葉を繰り返して、確認することもよいでしょう。

③相手のペースで

言葉が出ないときも、せかさないで少し待ちましょう。ただし、待ち過ぎるとかえってストレスを感じることもありますので、適当なところで「それは〜のことですか」などと助け船を出しましょう。

④誤りの指摘、否定は禁物

誰にでも言い間違いや勘違いはあります。その都度言い間違いを指摘したり、相手の話を否定する態度は禁物です。

⑤短い言葉ではっきり話す

介助者から話をする場合には、相手の表情や反応などを観察しながら、簡潔な表現で1つひとつの言葉をはっきりと発音します。

⑥答えやすい聞き方をする

「はい」「いいえ」や「うなずく」「首を横にふる」などで相手が答えられるような聞き方をすることも必要です。

■参考　障害のある当事者からのメッセージ

	障害について知ってほしいこと	必要な配慮について知ってほしいこと
視覚障害	・視覚障害者が点字を使えるとは限らない ・エレベーターが止まった時に何階なのかわからない	・視覚障害者もパソコンやインターネットを使っているので、音声読み上げソフトで対応できるように配慮してほしい ・タッチパネル式の機械だとうまく操作できない
聴覚・言語障害	・聴覚障害はコミュニケーションが困難な点につらさがある ・音声での情報が理解できず、アナウンスされてもわからない	・電光掲示板やパネル等の視覚を通じた情報伝達の方法も考えてほしい ・テレビの字幕放送や手話入り放送を充実してほしい
肢体不自由	・車いすを利用していると、ちょっとした段差や障害物があると前に進むことができない ・車いすを利用していると、高いところには手がとどかず、床にあるものも拾いにくい	・和式のトイレでは利用できない者がいるので、公共トイレには必ず洋式トイレも設置してほしい ・障害者用の駐車スペースの絶対数が少ない上に、障害のない人が駐車していて利用できないことがある
内部障害	・外見ではわからないため、周りからは理解されにくい ・障害のある臓器（心臓、肺など）だけに支障があるのではなく、それに伴い全身状態が悪く、毎日毎日疲れがとれない疲労感に浸かった状態で、集中力や根気に欠け、トラブルになる場合も少なくない	・疲れやすいが、外見上わからないため、優先席に座りたくても座りにくい ・内部障害のあることを周囲の人に認識してもらえるようなマークやサインがあると良い

出典：平成17年版「障害者白書」（内閣府）より一部抜粋

Ⅱ　援助者としてのコミュニケーション

C　意思伝達装置

　失語症や聴覚障害、難病（筋萎縮性側索硬化症・パーキンソン病など）等により、自分の意思を他者に伝えられず、状態に応じたコミュニケーションの方法を新たに体得しなければならない人々がいます。自分の考えたことを他の人に上手く伝達できない人々のコミュニケーションを助ける道具には、意思伝達装置や携帯用会話補助装置などと呼ばれているものがあります。軽度の難聴者や失語症などの人々のコミュニケーションを助ける道具には、拡声器やメモ帳、ペンなどがあります。マグネットペンで簡単に書いたり消したりできる磁気ボードもコミュニケーションを助ける道具です。

■図表5-1　コミュニケーションを助ける道具

ボードメーカーwith SDP
（パソコン用ソフト）
写真提供:(株)アクセスインターナショナル

ボイスキャリーペチャラ
写真提供:パシフィックサプライ(株)

簡易筆談器　かきポンくん
写真提供:ダブル・ビー(株)

　一般企業で働く聴覚障害者が会議などに参加する場合、音声会議システムや音声会議用マイクスピーカーがコミュニケーション障害のバリアを解消することもあります。また、音声を文字化してコミュニケーションを支援する道具もあります。

　失語症の人のコミュニケーションを助ける道具には、コミュニケーションボードに音声機能をつけたものもあります。

　上肢機能が活用できる人の場合は、これらの道具を使うことで他者とコミュニケーションをとることができるようになります。

　これらの道具は、介護保険法や障害者総合支援法などによる福祉用具支援制度を利用して、給付を受けることができるものもあります。

　「重度障害者用意思伝達装置」は障害者総合支援法の補装具費支給制度に位置

■図表5-2-① 音声を文字化する道具

LiveTalk（富士通（株））

■図表5-2-② 音声を文字化する道具

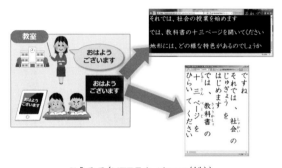

こえみる（NTTテクノクロス（株））

■図表5-3 重度障害者用意思伝達装置

キーボードを使えない人の
パソコン操作用の多用途補助道具

ルーシー
写真提供：ダブル技研（株）

入力したい文字が光っているときに
入力スイッチを押して文章を作成する

レッツ・チャット
写真提供：パナソニックエイジフリー
ライフテック（株）

センサーを使用し、身体の一部を
わずかに動かして文字を作成する

伝の心（パネル型）
写真提供：（株）日立ケーイーシステムズ

づけられています。身体の一部のわずかな動きを使って意思を伝達しなければならない重篤な身体障害者、たとえば進行した筋萎縮性側索硬化症（ALS）、脳性麻痺、筋ジストロフィーの人などが使用します。これらの重度障害者用意

■図表5-4　補装具種目一覧（第12次改正　令和3年3月31日厚生労働省告示第145号）　（単位：円）

種目	名称			R3購入基準	耐用年数
義肢（注1,2)				462,000	1〜5
装具（注1,2)				86,000	1〜3
座位保持装置（注1)				388,000	3
視覚障害者安全つえ	普通用	グラスファイバー		3,550	2
		木材		1,650	
		軽金属		2,200	5
	携帯用	グラスファイバー		4,400	2
		木材		3,700	
		軽金属		3,550	4
	身体支持併用			3,800	4
義眼	レディメイド			17,000	2
	オーダーメイド			82,500	
眼鏡	矯正用（注3)	6D未満		17,600	4
		6D以上10D未満		20,200	
		10D以上20D未満		24,000	
		20D以上		24,000	
	遮光用	前掛式		21,500	
		掛けめがね式		30,000	
	コンタクトレンズ			15,400	
	弱視用	掛けめがね式		36,700	
		焦点調整式		17,900	
補聴器（注4)	高度難聴用ポケット型			41,600	5
	高度難聴用耳かけ型			43,900	
	重度難聴用ポケット型			55,800	
	重度難聴用耳かけ型			67,300	
	耳あな型（レディメイド）			87,000	
	耳あな型（オーダーメイド）			137,000	
	骨導式ポケット型			70,100	
	骨導式眼鏡型			120,000	
車いす	普通型			100,000	6
	リクライニング式普通型			120,000	
	ティルト式普通型			148,000	
	リクライニング・ティルト式普通型			173,000	
	手動リフト式普通型			232,000	
	前方大車輪型			100,000	
	リクライニング式前方大車輪型			120,000	
	片手駆動型			117,000	
	リクライニング式片手駆動型			133,600	
	レバー駆動型			160,500	
	手押し型A			82,700	
	手押し型B			81,000	
	リクライニング式手押し型			114,000	
	ティルト式手押し型			128,000	
	リクライニング・ティルト式手押し型			153,000	
電動車いす	普通型(4.5km/h)			314,000	6
	普通型(6.0km/h)			329,000	
	簡易型	A 切替式		157,500	
		B アシスト式		212,500	
	リクライニング式普通型			343,500	
	電動リクライニング式普通型			444,400	
	電動リフト式普通型			725,100	
	電動ティルト式普通型			582,600	
	電動リクライニング・ティルト式普通型			1,016,100	
座位保持いす（児のみ）				24,300	3
起立保持具（児のみ）				27,400	3
歩行器	六輪型			63,100	5
	四輪型（腰掛付）			39,600	
	四輪型（腰掛なし）			39,600	
	三輪型			34,000	
	二輪型			27,000	
	固定型			22,000	
	交互型			30,000	
頭部保持具（児のみ）				7,100	3
排便補助具（児のみ）				10,000	2
歩行補助つえ	松葉づえ	木材	A 普通	3,300	2
			B 伸縮	3,300	
		軽金属	A 普通	4,000	4
			B 伸縮	4,500	
	カナディアン・クラッチ			8,700	
	ロフストランド・クラッチ			8,700	
	多点杖			6,600	
	プラットフォーム杖			24,000	
重度障害者用意思伝達装置	文字等走査入力方式	簡易なもの		143,000	5
		簡易な環境制御機能が付加されたもの		191,000	
		高度な環境制御機能が付加されたもの		450,000	
		通信機能が付加されたもの		450,000	
	生体現象方式			450,000	
補装具	人工内耳用音声信号処理装置修理			30,000	―

(注1) 義肢・装具・座位保持装置の基準額については、令和元年度交付実績（購入金額）1件当たり平均単価を記載。（千円未満は四捨五入。令和元年度社会福祉行政業務報告例より。）

(注2) 義肢・装具の耐用年数について、18歳未満の児童の場合は、成長に合わせて4ヶ月〜1年6ヶ月の使用年数となっている。

(注3) 遮光用としての機能が必要な場合は、30,000円とすること。

(注4) デジタル式補聴器で、補聴器の装用に関し、専門的な知識・技能を有する者による調整が必要な場合は2,000円を加算すること。

思伝達装置を必要とする人々とは、原疾患は異なりますが、思考が正常であり身体の自由が著しく制限されている人々です。

発音・発語だけでなく、指先も思うように動かない身体障害者に給付される重度障害者用意思伝達装置には、パソコンと接続され個々人の残された機能を使ってコミュニケーションを図れるものがあります。

なお、2006（平成18）年10月より、スイッチも給付対象となりました。意思伝達装置の活用動作の部位には、「頭部」「腕・肘」「手掌・指」「足・膝」「額・頬・顎」「唇・舌」「瞬き」「眼球」「呼気」などがあります。利用者の意思で動かせるわずかな力を活用する形で個別的な用具開発が行われます。

2013（平成25）年度からは障害者総合支援法により、障害者手帳を持たない難病患者も補装具費支給制度の対象となったため「補装具費支給事務取扱指針」（2013年3月15日改正分）の中で、留意事項等がまとめられました。

以上のようにコミュニケーションを助ける道具にはさまざまなものがあります。福祉用具の定義について『福祉用具専門相談員講習テキスト』（日本医療企画）では、以下のように説明されています。

「福祉用具法において、福祉用具とは、『心身の機能が低下し日常生活を営むのに支障のある老人又は心身障害者の①日常生活上の便宜を図るための用具及び②これらの者の機能訓練のための用具並びに③補装具をいう』と定義されています。

この定義では、下位概念として福祉用具を①〜③の3つとしています。①は制度的にいうと『日常生活用具給付等事業』や『介護保険制度』で定める『福祉用具』で、具体的には、特殊寝台、車いす、移動用リフト等を指しています。②は主に病院や特別養護老人ホームの機能回復室等で、理学療法士や作業療法士が指導・援助しながら使うリハビリテーション関連用具で、具体的には、肋木や平行棒等です。③は障害者総合支援法に定める『補装具』で、『障害者が日常生活を送る上で必要な移動等の確保や、就労場面における能率の向上を図ること及び障害児が将来、社会人として独立自活するための素地を育成助長することを目的として、身体の欠損又は損なわれた身体機能を補完・代替する用具』です」（図表5-4）。

第6章 移動介助のまえに知っておきたい基礎知識

　移動することは、毎日の暮らしの営みにおける人間の基本的欲求です。身体障害者が自力で身体を動かす、あるいは、介助者の援助を受けて移動することによって、日常生活の行動範囲は大きく変化し、広がっていきます。また、行動範囲の拡大は精神面にも影響を与え、自立への意欲と積極性を増していきます。

　なお、本章でふれる移動介助の知識は、「全身性障害者」の介助に限られたものではなく、障害者が自由に移動するための基礎知識といえるものです。実際に介助を行う際には、それぞれの利用者の障害の状態と残存機能をよく確かめて適切な介助ができるように心がけましょう。

I　移動と移乗

§1　移動の動作とその手段（種類）のいろいろ

A　立つことと歩くことは移動の基本

（1）歩行は日常生活の行動範囲を大きく変えます

　障害によって、身体機能や生活状態は異なり、同様に活動の動作や手段もさまざまです。しかし、立つことと歩くことは日常生活に必要な移動の基本動作であり、行動範囲を広げるには、まずこの移動の基本動作を確保することが必

要です。

　立位がとれない人や、「一、二歩、歩くのがやっと」という人でも、杖などの補装具を利用すれば、壁や手すりを伝ってトイレにもお風呂にも行くことができるでしょう。あるいは、自分で立位や歩行動作がとれない人でも、ガイドヘルパーの援助があれば、車いすを使って戸外に出て、食事や旅行に出かけることや文化的な活動に参加することもできます。

　立つこと、歩くことは、日常生活の行動範囲を大きく変えて、自立への可能性を広げていく基本動作です。安全な移動は、障害者のQOL（生活の質）の向上や社会参加という意味からも重要な側面をもっているといってよいでしょう。

（2）歩行介助を行う際の留意点

　歩行に必要な安定性や持久力に欠けた障害者の場合は、転倒に十分注意します。半身にまひがある場合は、患側下肢で体を支持できず、患側や後方に転倒してしまうといったケースがあります。

　歩行介助では次のことに留意しましょう。

　①基本位置として障害者の横や斜め後方に控えます。片まひなどで健側にある手すりを利用しているときには介助者は手すりの反対側に位置します。

　②座る・立つ・歩くなどの動作は、続けて行わず、動作ごとに区切って進めます。介助に際しては、障害者の腰の介助ベルトやズボンの背中のウエストあたりを支え、背中をつかむことは避けます（図6-1）。

　③歩行中は介助しすぎてもバランスを崩すため、安全性には注意が必要です。障害者の全身

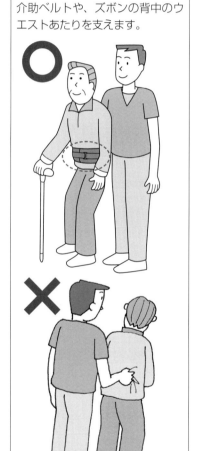

■図6-1

状態を常に観察し、危険性や異常が見られるときは歩行を中止します。

④安全に止まることが困難な状態にある障害者の場合は、介助者の身体を障害者の横に密着させ、ゆっくりと止まるように介助しましょう。

B 杖などの歩行用具を使って

家の中で歩行移動を支えるものには、廊下や階段などの手すり、段差解消のスロープなどがあります。また、外出の際に欠かせないものは、松葉杖やＴ字型杖（1本杖）をはじめとする各種歩行用具です。

（1）杖は軽くて使い勝手のよいものを

杖は、障害の度合いが重くなるにつれて、Ｔ字型杖（1本杖）、多脚型杖（多点杖、3点杖、4点杖など）、ロフストランドクラッチ、と使い分けていきます（図6-2）。丈夫で握りやすく、軽くて使い勝手のよいものが基本です。最近ではカラフルなデザインのものや携帯に便利な折りたたみ式の杖もあります。

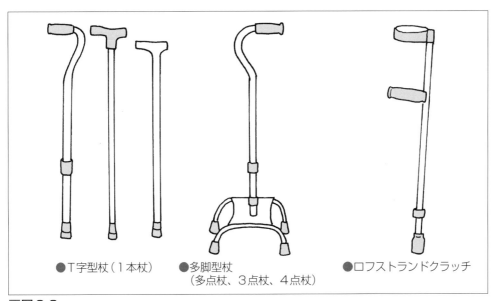

●Ｔ字型杖（1本杖）　●多脚型杖（多点杖、3点杖、4点杖）　●ロフストランドクラッチ

■図6-2

C 補装具として多用される下肢装具

自力歩行が可能な人の装具として多く使われているのが下肢装具です。下肢装具には短下肢装具と長下肢装具があります。

①短下肢装具：ひざから下を固定すれば自力歩行が可能な片まひの人などに多く用いられています。長下肢装具を短くしたものと、プラスチック製でひざ下全体を一体的に包み込む形状で靴の中にはくものがあります。

②長下肢装具：ひざ折れがあり立位保持が困難な人が少しの介助で立位姿勢を可能とする場合によく用いられています。足部から下肢のつけ根までのものと、足部から骨盤までのものがあり、ひざをのばしたまま固定することができます。外出前にひざを曲げて装着し、車いすに乗り、立位になったとき、ひざを完全にのばして左右のひざ継手を固定してからひざ当てを左右の軸へ戻します。

D 体幹固定ベルト

体幹固定ベルトは車いすに座ったときに身体のバランスを保持することがむずかしい障害者に必要なもので、さまざまな種類があります。

体幹固定ベルトを利用することによって、身体が車いすからはみだしたり、下にずり落ちるのを防ぎます（図6-3）。

胸ベルトで体幹を、腰ベルトは腰を、股ベルトで骨盤を固定するときに使用します。肩ベルトは肩をしっかりと押さえ、身体が前に傾かないようにするために使用します。

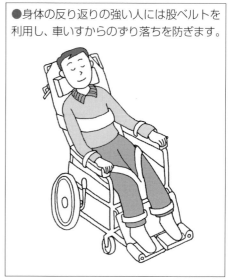

●身体の反り返りの強い人には股ベルトを利用し、車いすからのずり落ちを防ぎます。

■図6-3 体幹固定ベルト

体幹固定ベルトは、障害者の安全を確保するために使用するものなので、不要なときは外しましょう。

E 移乗器具

(1) 床走行リフト

吊り具またはいす等の台座を使用して人を持ち上げ、キャスタで床を移動し、目的の場所へ移動させる器具です。

●吊り上げ式床走行リフト

　全体は「逆Y字」型で、2本ついた脚部は左右に開閉し、全体を支持する部分（基軸）がマストを支えます（図6-4）。マストは吊り具をかけるハンガーを取り付けたアームとその基点を支えるもの。昇降動作は片側が固定されたアームを上下させます。床から吊り上げることもでき、脚部が開閉する特徴を活かして、閉じた状態では狭いところも通れます。

●台座式床走行リフト

　台座が上下に昇降する走行式リフト。昇降・走行ともにリモコンスイッチで操作できます。

●回転式移乗器具

　回転式移乗器具は、回転板の上に取り付けられた1本軸の円形シートにもたれて回転をし移乗するものです。ベッドから車いすやポータブルトイレへの移乗をスムーズに行うことができます。

（2）固定リフト（吊り上げ式天井走行リフト）

　居室や浴室の天井に固定して設置し、その可動範囲内において吊り具や台座等を使用して人を持ち上げ移動させるものです（図6-5）。

　ベッド上で利用者を寝返りさせるだけでストレッチャーや車いすへ移乗でき

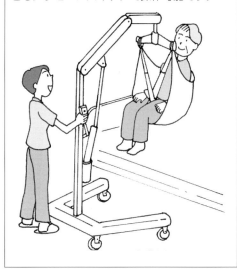

●床走行リフトは、昇降の場合・走行の場合も、ともにリモコンスイッチで操作可能です。

■図6-4　吊り上げ式床走行リフト

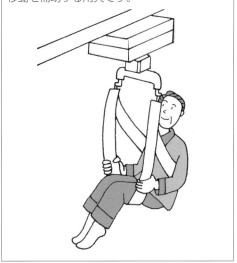

●天井走行リフトは居宅や浴室に固定して設置して利用者を持ち上げ移動させるものです。ベッドと車いす、ベッドと便座などの間での移動を補助する用具です。

■図6-5　固定リフト（吊り上げ式天井走行リフト）

ます。装置を使って背を起こし座らせ、食事などの日常生活の行動をとることができます。ベッドと車いす、ベッドと便座などの間の移動を補助する用具です。

(3) 据え置き式リフト

床に設置し、その可動範囲内で吊り具や台座等を使用して人を持ち上げ移動させます（図6-6）。設置面積をあまりとらずに居室内の移動が可能なタイプであり、住宅改修の必要もありません。

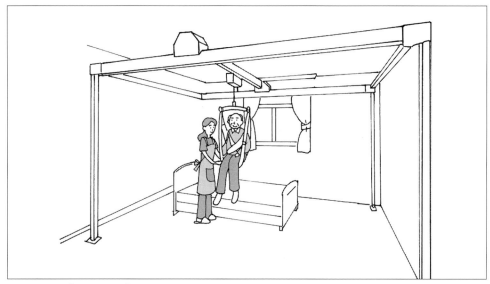

■図6-6　据え置き式リフト

§2 車いすを使った移動にあたって

杖などを使って移動することが困難なときは、車いすを使った移動が行われます。移動介助にあたって、車いすの基本的な構造や使い方を把握して事故防止に努めましょう。車いすにはさまざまな種類があります。障害の状態によっては特殊な構造の車いすを利用する人もいます。介助を行うまえには、使用する車いすの機能や特徴について本人や家族に確認しチェックしておく必要があります。

A 車いすのしくみと種類

駆動輪(大車輪)が回転することによって、その回転する方向に車いすは進みます。この駆動輪の両輪の外側には、タイヤよりもひと回り小さい輪が付けられています。これはハンドリムとよばれ、障害者自身が駆動、方向転換するときに回転させます。両方のハンドリムを回せば、回した方向に車いすは進みます。片側のハンドリムのみを回せば、回した側の反対に方向転換します。

その際に、方向付けを助けるのがキャスタとよばれる自在輪(小車輪)です。凹凸のある道で使用する場合、衝撃を吸収するために空気入りのキャスタを使用することもあります(ただし、路面に対する抵抗は大きくなります)。

駆動輪とキャスタの取り付け位置(前輪と後輪の関係)は、利用者の身体状況や用途によって異なります。

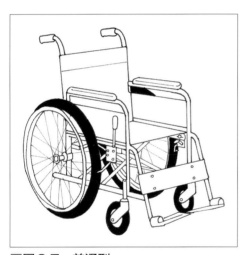
■図6-7 普通型

■図6-8 トラベラー型

車いすの種類としては、主に次の5つのタイプに分けられます。

①普通型(後輪駆動型):後方に駆動輪、前方にキャスタがあり、室内外両用(図6-7)。

②前輪駆動型:前輪が駆動輪のタイプで小回りが効くため室内用に適している。トラベラー型などがある(図6-8)。

③リクライニング/ティルト型:背もたれにリクライニング機能があり、レッグサポートが上下するリクライニング型(図6-9)と、座面と背の角度は一定

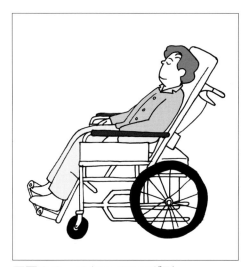

■図6-9　リクライニング型

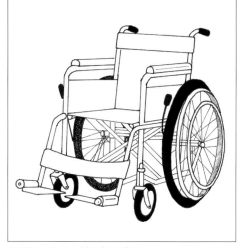

■図6-10　片手駆動型

で車いす全体を傾けるティルト型がある。座位の姿勢が保ちにくい人に適している。

④片手駆動型：片側の駆動輪にハンドリムがあり、片まひの人が片手で使用できる（図6-10）。

⑤電動型：一般の車いす操作ができなくてもハンドルやレバーで操作する。両手で操作ができない場合でも、口、あごなどで操作するタイプもある。

B 手動車いすの構造と各部位の名称

　次に、図6-11と対照させながら、車いすの構造と各部位の名称について見ていくことにします。車いすの安全な移動介助において、障害者の負担をより少なくし、無理のない援助を行うためにも、これらの基礎知識を把握し、車いすの特徴を理解したうえで、取り扱いに慣れておく必要があります。

①制動用ブレーキ：介助者が車いすを止めたり速度を落とすためのものです。ブレーキを使用するときは利用者に声かけをするようにしましょう。

②駐車用ブレーキ：車軸部で制動するドラムブレーキ、タイヤに押し付けて制動するタイプのブレーキなどがあります。

③ティッピングレバー：小さな段差や溝などを通過するときに、てこの原理を利用してキャスタをあげるためのものです。ティッピングレバーを使用すると

Ⅰ 移動と移乗

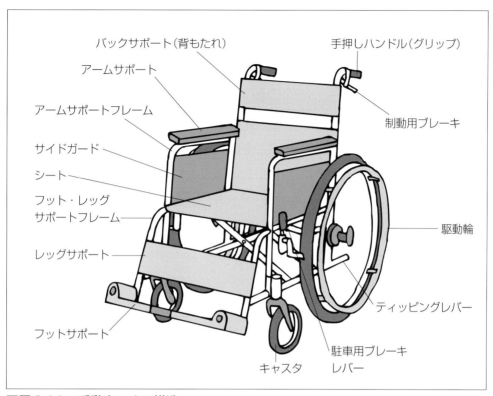

■図6-11 手動車いすの構造

きは、利用者に声かけをします。

④アームサポート：利用者が手を置くためのものです。取り外しができたり可動式のものは、ベッドなどへの移乗がしやすくなります。

⑤フットサポート：利用者が足を置くためのもの。スイングアウト式（左右外側に開く）や脱着式のものは、車いすへの乗り降りがしやすくなります。

⑥レッグサポート：利用者の足がフットサポートから脱落するのを防ぎます。

⑦**手押しハンドル（グリップ）**：介助者が車いすを操作するときに握る部分で、高さ調節機能が付いているものもあります。車いすでの移動中は原則としてグリップから手を離してはいけません。

⑧シート：利用者の体格や状態に合わせて、シートの幅や奥行きを調整します。

⑨キャスタ：駆動輪の方向づけを助ける自在輪で、車輪が小さいものほど方向転換時の回転半径が小さく動きやすく、逆に、車輪が大きいものほど小さな段差や溝などを通過しやすくなります。

⑩駆動輪：乗り心地や介助のしやすさを重視する場合は大きい車輪のものを選択します。

C 電動車いすの特徴と介助の留意点

　電動車いすは大きく分けて、利用者がジョイスティックレバーやハンドルを操作する自操用と、介助者が操作する介助用の2種類があります。

　電動車いすは、指、手、あごなど身体の一部を使った簡単な動きと力で操作することができるので、歩行が困難な人でも行動範囲を広げやすい。また坂道の上りなどで介助者の負担を軽減することができるといった特徴があります。

　介助を行うにあたっての留意点としては、ブレーキが効くかなどの通常の確認のほか、動力であるバッテリー残量の確認が必要です。残量が少ないまま外出すると、途中で切れて止まってしまうおそれがあります。

　また、自操用のものでは、速度の切り替えができたり、前進と後進を切り替えるスイッチがついたものもあります。車いすの特徴や操作上の注意事項を利用者や家族と共に確認しておくようにしましょう。

　電動車いすと乗車している人の重量の合計は100kgを超える場合もあります。エレベーターを利用する際などは重量にも気を配りながら介助しましょう。

　電動車いすでの階段などの上り下りに際しては、介助者の人力では困難なことがありますので、できるだけエレベーターを利用しましょう。

D 重度脳性まひ者用車いすの特徴と介助の留意点

（1）長時間の座位を可能にする特殊改造車いす

　脊骨や股関節に変形がある重度脳性まひ者は、通常の車いすでは座位保持がむずかしいことがあります。このような場合、ずり落ちや姿勢の崩れを防ぐために特殊改造した重度脳性まひ者用車いすを使用することがあります。

　背骨の変形によって腰が座面からずり落ちる場合は、腰を支持するための保持装置（利用者の体型に合わせて型をとった特殊樹脂）や、臀部の凹凸に合わせたシートクッションなどを設置します。

　また、不随意運動により上下肢に伸展がある人は、前腕がアームサポート、

足裏がフットサポートからずり落ちる危険性があります。このような場合、上腕部分、ふくらはぎ部分をベルトで固定するタイプの車いすを使用することもあります。駆動輪、キャスタといった基本構造は通常の車いすと同様です。

　このような車いすを使用して介助を行う際には、とくに注意が必要です。身体の一部をベルトなどで固定することになるので、圧迫やひきつれ、関節の可動域が狭くなることに気を付けなければなりません。姿勢の修正などをするときは、駐車用ブレーキをかけ、前腕のベルトをはずしてから行うようにしましょう。ふくらはぎのベルトについては、車いすからの転落を防ぐために原則として固定しておきます（路面の角度や利用者の心身状況を考慮しながら対応します）。

Ⅱ　移動介助の準備とガイドヘルパーの心がまえ

§1　外出の準備として大切なこと

　移動介助を行う際に大切なことは、移動介助を必要とする障害者（以下「利用者」といいます）への接し方において、表面的な理解や対応を避けることです。

　利用者の言葉や指示を鵜呑みにし、画一的な援助に終始していては、利用者とガイドヘルパーが適切なコミュニケーションをとることはできません。利用者が表に出さない感情・真意を推しはかり、言葉の背後にあるニーズを見逃さないためにも、その人の個性・生活歴・価値観等を常に尊重し、受け入れる心の準備をしてください。

　信頼関係は一方通行ではなく、お互いに歩み寄る中から生まれるものです。

A　外出の目的・経路・時間と緊急連絡先

　移動介助による外出にあたっては、外出先と目的を明確に整理し、主な経路

と時間配分を計画しておくことが大切です。それによって、外出は安全かつ快適なものとなり、効率のよい移動介助が実現されます。

目的地までの途上経路の情報を集めることも必要です。とくに公共交通機関を利用する場合には、その経路において車いすの移動が可能かどうかを調べておくことを忘れてはいけません。

また、行動プランをつくる際には、バスや電車などの乗降時の混雑や事故との遭遇なども考え合わせ、常にゆとりのある行動と介助を心がけることが重要です。さらに、外出時の不測の事態に備えて、家族やかかりつけの病院等への緊急連絡先も把握しておきましょう。

B 外出時に必要な持ちものを確認します

外出の際の荷物は、利用者・介助者共に、少ないほうが身軽な行動がとりやすいものです（図6-12）。

■図6-12

しかし、安全で効率のよい介助を行うのための必携品はあります。身体障害者手帳もその1つです。これは、身体障害者が医療給付・補装具の交付・施設の入所など各種の福祉サービスを受けるときに必要となります。たとえば、鉄道などの交通機関には障害者を対象とした割引制度が設けられていますが、これを利用する際は身体障害者手帳の提示を求められます。また、利用者の罹患した疾病に対応するために必要な薬などの所持の確認も必要です。心疾患等の持病がある人などの場合には、薬が入っている場所等を事前に確認しておくことで、容態急変時に適切な対応ができます。

天候にも注意が必要です。レインコートの着用などの対処が必要な場合、フードの使用については、聴覚を頼りに情報収集を行う利用者もいるので、着用の有無は本人に聞くようにしましょう。

C 車いすの状態、利用者の健康状態の確認も

背もたれ等フレームの接続やタイヤの空気、ブレーキの効き具合を確認し、利用者の安全確保に努めます。

利用者は車いすを押す速さを自分で調整できないことに加え、地面に近い姿勢のため押している人以上の速さを感じます。そのため路上にある障害物や通路などの通り抜けの際には不安感を抱きやすくなっているので、適切な速さを見極めて介助を行いましょう。

また、利用者の顔色、身体状況などの健康状態も必ず確認しましょう（図6-13）。

●利用者の顔色、身体状況等をチェックします。

■図6-13

D 事故防止のためには、両手が空いている状態が基本

ガイドヘルパーがつまずくと、利用者にも転倒等の危険が及びます。上り下りの坂道や段差や溝、混雑や急停止など、バランスを崩しやすい場所では、車いすの転倒や利用者が車いすから転落する危険もありえます。

こうした事故を起こさないためにも、ガイドヘルパーは動作の妨げにならない軽快で活動的な服装を心がけましょう。ヒールの高い靴、滑りやすい靴、脱げやすい靴は避け、軽くて安定感のある靴を選びましょう。

また、手持ちの荷物は少なくするように配慮し、リュックやショルダーバッグなどを用いて、常に「両手が空いている状態」を基本とします（図6-14）。

●動作の妨げにならない軽快で活動的な服装を心がけましょう。

■図6-14

§2 利用者への理解とガイドヘルパーのあり方

A 行動の主体は利用者です

　移動時における行動の主体は、当然のことながら、利用者です。したがってガイドヘルパーには、利用者の立場とニーズを尊重し、利用者の性格や症状に応じた適切な介助を提供することが求められています。

　障害の程度、身体機能（残存能力）、年齢、性別、生活歴等によって、利用者の価値観や考え方は異なりますが、1人ひとりの個性を大切にすることが援助の基本姿勢です。

　また、援助を行う際には、一方的に「～してあげる」という態度で接しないことが大切です。押しつけや過剰な援助など、不必要な介助を行うことは、利用者に不信感を抱かせてしまうだけでなく、残存能力を低下させる場合もあります。

B プライバシーと守秘義務の尊重

　利用者のプライバシー（個人情報）に対しては十分に配慮しなくてはなりません。移動介助を行う者としての最優先のつとめを考え、利用者の安全を追求してください。

　これは、ガイドヘルパー自身のプライバシーについても同様です。「気安さ」「親しみやすさ」と「プライバシー」を線引きし、混同しないよう注意することが必要です。

　ただし、これは利用者に対して無関心に接することとは違います。利用者の自己決定を尊重して、その人の意思や価値観などに十分耳を傾ける受容の姿勢を保持してください。

　利用者の移動を介助して行動を共にしていると、お互いに自然と信頼関係が生まれてくるものです。利用者が心を開いたことにより、利用者が自分のプライバシーをガイドヘルパーに語る機会が増えることもあります。しかし、ガイドヘルパーは、利用者のプライバシーにかかわることは、どんな些細なことでも他に漏らしてはいけません。

C 利用者への言葉づかい・接し方

　成人の利用者と接する場合、子どもに接するような言葉を使ったり、はじめから不自然に親しそうな呼び方をしてはいけません。自分自身が他人からそのように扱われたときの気持ちを考えれば、してはいけないことがわかるのではないでしょうか。利用者の人格を尊重し1人の人間として失礼のないように接するように心がけましょう。

　また、憐れみの言葉をかけたり、命令口調や利用者の話を遮るような行為をしたり、他の利用者と比べたりしてもいけません。そのような人格を無視した行為は、利用者の心を深く傷つけることになります。

　とくに、障害を受容し、新しい生活を始めるまでに多くの精神的葛藤と訓練が必要とされるような場合、たとえ利用者を励ますためであってもほかの利用者と比較する言動は避けなければなりません。障害の程度や障害の受容までの過程は人それぞれであり、誰かと比べるようなものではないのです。

D 障害の理解

　医療については医師、看護については看護師などと、それぞれの専門家がいるのと同様、ガイドヘルパーも移動介助の専門家でなければなりません。

　この専門性のなかには、利用者の障害の理解も含まれます。障害を理解するためには、必要最低限の医学的知識をもつことが必須です。障害のある利用者の生活を理解し、適切な移動介助を行うために、利用者の障害、疾病、症状に関する知識を事前に学習しておきましょう。

　利用者の健康状態、障害の程度をつねに把握しておくことは、容態の急変時や必要とされる介助を判断する際に役立ちます。

　ただし、本人から無理に聞き出すような行為は利用者のプライバシーの侵害になるので避けましょう。

E 利用者の力を活用する

(1) 職場における腰痛予防対策指針

　厚生労働省は、1994(平成6)年に策定した「職場における腰痛予防対策指針」

を2013（平成25）年に改訂しました。主な改訂事項は、①腰痛の発生要因の1つに「心理・社会的要因」を追加、②5つの作業態様別の対策のうち、「重症心身障害児施設等における介護作業」を「福祉・医療等における介護・看護作業」に、「長時間の車両運転等の作業」を「車両運転等の作業」に適用を拡大、③腰部に著しく負担がかかる移乗介助等では、リフト等の福祉機器を積極的に使用することとし、原則として人力による人の抱え上げは行わせないことを明記、④リスクアセスメント、労働安全衛生マネジメントシステムの手法を明記、⑤参考資料として、一部の作業態様別の対策にアクションチェックリストを例示、という5項目です。

　近年、高齢者介護などの社会福祉施設で職員の腰痛発生件数が大幅に増加していること、腰痛が介護職の離職の原因の1つであることなどが、改訂に影響していると考えられます。

　改訂事項にあるとおり、福祉用具の積極的な使用は、介護・看護職員の身体的な負担を軽減することにつながります。しかし、介護・看護の領域の腰痛予防は、利用者の「自立支援」「主体性の尊重」なども視野に入れて考える必要があるでしょう。

（2）利用者の力を活用する介護

　何がどこまでできる利用者かをしっかり確認しながら、利用者の力を最大限活用するのが介護専門職の行う介護です。つまり、利用者が自分の力を使って自分の動きやすい方法で動くことを助ける介護が利用者の自立を支援することになり、介助者の身体的な負担を軽減させることにもつながるのです。

　例えば、介助者が利用者と身体を密着させ、抱え込む形で利用者を立たせる全介助は、利用者に「立たされた」と感じさせます。利用者に「自分で立った」と感じてもらうには、利用者に自分の力（手の力・足の力など）をほんの一瞬でも使ったという実感をもってもらうことが必要です。ほんのわずかな動作であっても、自分でできたと感じた利用者の心には「自立心」が芽生えるでしょう。反対に利用者の力を全く使わない介護は、利用者に「これもできなくなった」「こんなことすらできない」などの気持ちにさせる可能性があります。

　専門職の行う介護とは、「○○がやりたい」「○○できるようになりたい」と

利用者自身が思えるような支援といえます。このような利用者の意欲的・主体的な生活を支える介護職になるには、利用者の「できる」を発見し、利用者の「やりたい」を邪魔しない適切な技法を身につける必要があります。自身の行った介護について、自分は利用者のできる力を活用していたか、利用者のできる力を無視した押しつけ的な介護ではなかったかなどを検証することが大切です。過剰な介護を行っていないか、実践している介護は適切であるかなどを利用者個別に考えましょう。そして、利用者の心と身体の理解を深め、利用者の「できる力」を確認しながら利用者の「やりたい」気持ちを引き出す力を養いましょう。

　1人ひとりの動き方やできる力を丁寧に評価することで、介護における個別のタイミングやポイントがわかってきます。利用者にできることはやってもらい、できないところだけを支援するという介護を実践してください。利用者の力を活用した介護実践は、利用者と介護者の双方の意欲向上につながるはずです。

　「意欲のない利用者」は、介護職がつくっているとも考えられます。つねに画一的で作業的な介護は利用者の生きる力を弱めている可能性があります。利用者1人ひとりに合った介護とは、1人ひとりの力を的確に評価し、利用者のできる力を適切に活用する介護です。

F 安全の確保のためにはゆとりのある行動を

　移動介助では、利用者の安全確保がもっとも重要です。移動介助中は、曲がり角や階段、障害物の手前で一旦停止したり、場合によっては回り道をすることもあります。同じ距離を健常者が1人で移動するときより時間がかかることを理解しておきましょう（図6-15）。

　また、予定より時間がかかったからといって焦ると、注意力が落ちて危険な介助になりかねません。

　つねに心と時間にゆとりをもって移動介助を行いましょう。余裕のある対応が安全の確保につながります。

G 金銭管理は基本的に利用者本人にしてもらいます

　金銭の管理をめぐってのトラブルは発生しやすいので、注意が必要です。外出先ではバスや電車などの交通機関を利用する際に切符を買うことになりますが、車いすに乗った状態でも券売機に手が届けば自分で切符を買える人もいます。

　基本的には利用者本人に金銭管理をしてもらうことが自立支援のうえからも大切です。

　もし、金銭を一時的に預かることがあった場合は、金額を口に出し、「1,000円札が何枚、100円玉が何個、合計で何千何百円です」というように具体額をはっきり伝えて、両者で確認し、誤解を招かないようにしましょう。

■図6-15　移動介助中はさまざまなトラブルが発生します。ゆとりのある行動を心がけましょう。

COLUMN

◆楽な姿勢で介助しましょう

　介護実践では、どのような速さや姿勢・手順で介助するのが安全で安楽な方法かを利用者自身が決めることが自立的・主体的な支援につながると考えられています。なぜなら介護における主役は利用者だからです。

なお、介助する際の介助者の強い緊張は利用者に不安を感じさせます。したがって、たとえ初めて経験する困難と思われる介助であってもリラックスした心身状態で臨みましょう。

また、「利用者を介助する」という意識は払拭し、「利用者の動きをサポートする」という気持ちで介助しましょう。介助者が利用者の動きを尊重した介助は利用者の自立につながる第一歩です。さらに介助者の構えない自然体の姿勢が利用者の自立心や主体性の維持向上につながると考えられます。以下に利用者主体の介助のあり方を具体的な事例で説明します。

杖歩行が可能な利用者の座位から立位への介助の場合、介助者の手を利用者が持つ形で介助の姿勢をとります。介助者は、利用者の座位から立位までの姿勢の変化と重心移動をイメージし、利用者の身長に対応させた手すりの位置・高さに自分の手を固定させます。その際、介助者は、自分の手に利用者の全体重がかかってもふらつかないよう、足を肩幅に開き、膝を少し曲げて重心をやや低くします。

ここで、自分が手すりを持って立ち上がる動作を思い出してみましょう。立ち上がる瞬間のほんの2〜3秒だけ手すりにぐっと力を入れて立ちませんか。この自分が手すりを持って立ち上がる動作がイメージできたらそのイメージに沿って利用者が自分の力で立ち上がったことを実感できる介助をしましょう。

歩行器や車いすを利用している利用者の立位を介助する際は、利用者に介助者の前腕（肘から手首）を持ってもらいます。利用者の動作を邪魔しない位置で、自分の腕を利用者の身長に応じた高さの手すりに見立て、利用者が自分の力で立てたと思える介助をします。

利用者が自分で「立った」「歩いた」と思ってもらうには、利用者に教わるという介助者の謙虚かつリラックスした姿勢が有効だと思います。

第7章

移動介助にかかわる技術

介助の方法はさまざまです。本テキストの技術は1つの例として学習してください。

I 姿勢の保持と変換について

§1 安定した姿勢をとり続けることの大切さ

　わたしたちの日常生活では、立つこと(立っていること)、座ること(座っていること)、寝ること(寝ていること)などの動作、姿勢をとることによって、さまざまな営みが行われています。

　しかし、1つの体位や姿勢を長時間とる場合、どのような体勢をとっても、身体のどこかに何らかの負担や無理が及ぶことは避けられません。四肢体幹の不自由さを余儀なくされている障害者にとっては、なおさらのことです。

　こうしたことから、姿勢保持と修正は「どうしたら、その人にとって少しでも安全・安楽な姿勢をつくることができるのか」を考えていくことが大切になります。

　寝たきりやまひのある利用者が、車いすを使って移動や外出をする際は、大きな不安と緊張がつきまとうものです。ガイドヘルパーは利用者が心身ともにリラックスして移動できるように、姿勢(体位)の保持修正を行いながら圧迫等の身体的負担生じていないかなど、常に細心の配慮で安全な援助を心がけましょう。

A 障害者にとって姿勢をつくることの意味

四肢体幹の不自由さを余儀なくされている障害者にとって、姿勢をとること、保持することは、脳や内臓などのはたらきにも関連する大きな問題です。それぞれの人の障害の状態や、日常のさまざまな生活場面に応じて、適切で安全な姿勢をつくることは、諸機能を改善し、生活領域を広げ、自立への意欲の高まりや精神面の安定を図ることが期待できます。

座位は立位への移行や、車いすやポータブルトイレへの移乗など、次の動作への中継となることから、姿勢保持の基本・要といってよいものでしょう。

また、臥位の状態から座位への変換には、廃用症候群の発症を防ぐという目的と利点もあります。健常者であれば、活動や行為ごとに適した姿勢を自然にとることができますが、全身性障害者にとって「座位をとること」は意識して行わなければなりません。

まひによる関節の変形、拘縮や筋肉の萎縮などに配慮した「姿勢保持・修正」により、障害者の負担と苦痛の少ない安全な移動介助を行い、その人の身体機能改善とQOL（生活の質）の向上を図っていきましょう。

●ふとん上の長座位介助。ガイドヘルパーの体格（手の長さ）によって、手を置くポジションを①、②、③など使い分け、バランスをとります。

■図7-1

B 基本的な姿勢の種類と座位の安定について

(1) 姿勢と体位の種類、特徴を知っておきましょう

人間のとる姿勢や体位は大まかに分けて「立つ」「座る」「寝る」の3つです。それぞれの特徴は以下のとおりです。

●立つ（立位）

足の裏で体重を支えている状態（図7-2）。通常、長時間、立っている場合は一方の足に体重を乗せるなどしてバランスをとります。文字どおり「自立」とは自分の足で立つことで、移動のための第一歩をとるための姿勢として重要です。

■図7-2

●座る（座位）

①長座位：上半身を90度の角度で起こし、両足を伸ばして座った状態。ベッド、床上などで座って過ごす時間が長い場合、この姿勢が多くなります。起座位ともいいます。なお、上半身を15度〜30度の角度にした状態はセミファーラー位といいます。

②椅座位：上半身を起こし、背もたれのあるところに座る姿勢。両膝は曲がった状態になります（図7-3）。

③端座位：背もたれのないところに座る姿勢で、両膝は曲がった状態になります。ベッドなどの端に腰をかけて床に足を着ける姿勢を指します。

■図7-3

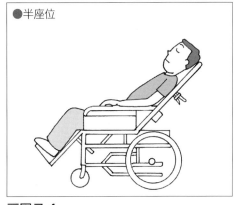
■図7-4

④半座位：上半身を約45度の角度で起こし、両足を伸ばして座った状態。リクライニング付きのベッドや車いすなどのシートで背中を支えて座っている姿勢です。ファーラー位ともいいます(図7-4)。

●寝る(臥位)

①仰向け(仰臥位)：顔と腹部を上向きにしている状態(図7-5)。長時間、この姿勢でいると、後頭部、背中、臀部、足(裏側)が圧迫され褥瘡の原因になります。

②うつぶせ(腹臥位)：顔を横向きにして腹部を下にしている状態。長時間、この姿勢でいると、顔(横側)、胸部、腹部、足(表側)が圧迫されます。

③横向き(側臥位)：顔を横向きにして、身体のどちらかを下にしている状態(図7-6)。右側を下にしている姿勢を右側臥位といい、この姿勢で長時間いると、右側の顔、腕、脇腹、足が圧迫されます。左側は左側臥位といい、この姿勢で長時間いると、左側の顔、腕、脇腹、足が圧迫されます。

■図7-5

■図7-6

人間は1つの姿勢をとり続けると必ずどこかの部位に負担がかかるため、さまざまな姿勢・体位を変換します。ガイドヘルパーがかかわる姿勢の修正や変換としては、立位、起座位、半座位などがあげられるでしょう。

(2) 臥位と座位の安定・保持

立位は長時間とっていると疲れやすい体位です。重心が高く、転倒や貧血、めまいや低血圧などを起こす危険があります。こうした問題を予防するために、臥位や座位から立位に移る場合には、急がずにゆっくりと立ち上がり、障害者が自身のバランスを保つ状態になるまで見守ります。片まひや筋肉疾患のある人では障害のある側に転倒しやすく、前屈姿勢になるので、重心のある腰をしっ

かりと支えて援助するとよいでしょう。

座位の姿勢は、上半身の筋肉に緊張をもたらし、その刺激が脳の覚醒中枢に及んで心身を活性化するため、脳の正常化に役立ちます。

通常のいすを用いて座位姿勢をとる場合は、脊椎を伸ばし、大腿部に平均した圧力がかかるように深く座ります（図7-7）。足底はきちんと床に着地しているように配慮します。車いすに座るときは、座骨結節に圧迫が集中しないようにクッションを使って、臀部や大腿部などに均等に負担がかかるようにします（図7-8）。長く座っていると筋力の強化や血液循環にはよい効果がありますが、下肢の血液やリンパ液のうっ血がしやすい面もあるのでときどき足を持ち上げたり、ひざの屈伸をしたりするとよいでしょう。

■図7-7

■図7-8

C 姿勢保持・修正の留意点と起こりやすい問題

（1）利用者の状態の基礎的なチェックと把握のために

障害のある人のさまざまなニーズに応えて安定した姿勢をつくり上げ、充実した生活の援助を行うためには、障害のある特定部分だけではなく、利用者の全身状態にも目を向けなくてはなりません。安定した姿勢で長時間座っていられない障害者の場合には、利用者の状態や意向に応じた適切な機器の導入なども検討しなければならず、リハビリテーション専門医や理学療法士、作業療法士などの専門家の意見を聞く必要があります。

障害者が安心して座位姿勢を保持するためには、次のような点について整理し、理解を深めることが大切です。

①**疾患の理解**：障害の原因疾患はどのようなものか、進行性の疾患か、非進行性によるものか、合併症があるかどうかなどを把握しておきます。
②**機能障害の理解**：座位保持能力はあるかどうか。座位が安定していない場合は、段階的に起こすことができるギャッチ（ギャッジ）ベッドやバックサポート、積み重ねたふとんなどで補助し、座位が少しずつ安定してきたら、背部の支えをなくしていきます。また、患部の変形や拘縮、圧迫の状態などもチェックします。
③**家庭環境・ADL等の理解**：生活・家庭環境と本人の関係の状態や、歩行・整容・更衣などの日常生活動作についても把握しておきましょう。

(2) 車いすでの姿勢保持・修正に際しての注意点

車いすの利用者の姿勢保持・修正に際しては、前傾が大きすぎたり、体幹が左右に傾いていないか、手足はアームサポートやフットサポートからずれていないか、背部・腰部の沈み込みはないか、深く腰かけているか、苦痛を感じていないかなど、確認しながら援助を行っていくようにします（図7-9、10、11）。

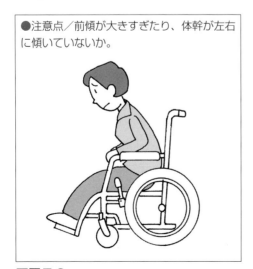
●注意点／前傾が大きすぎたり、体幹が左右に傾いていないか。
■図7-9

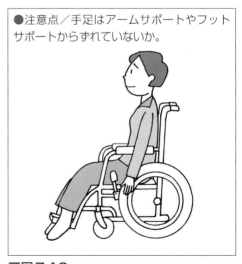
●注意点／手足はアームサポートやフットサポートからずれていないか。
■図7-10

Ⅰ　姿勢の保持と変換について

　ガイドヘルパーは本人や家族とも話し合い、声をかけながら、その日、その日の利用者の表情や身体の動き、苦痛の訴えなどに対応しましょう。上記の項目等もできるだけ正確に把握し、適切な判断によって「姿勢保持とその修正」を行っていくように努めましょう。

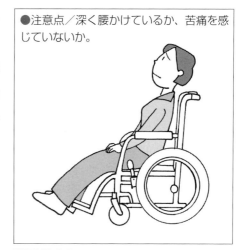

●注意点／深く腰かけているか、苦痛を感じていないか。

■図7-11

COLUMN

◆姿勢を修正するときには事前によく説明しましょう

　姿勢を修正するときは、いきなり身体を動かすのではなく、姿勢を修正することについて、ガイドヘルパーはきちんとした説明をしましょう。

　説明があることで利用者は安心でき、協力することも可能になります。ガイドヘルパーが1人の場合に、無理な体勢で利用者の身体を動かそうとすると、利用者にとっても危険ですし、ガイドヘルパーも腰などを痛めることもあるので、声をかけて本人のできるところはしてもらうようにするとお互いの負担も少なくなります。

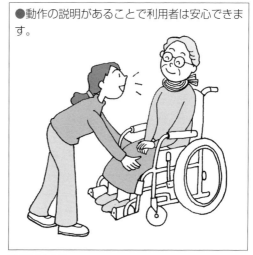

●動作の説明があることで利用者は安心できます。

■図7-12

§2 姿勢の保持・修正と変換について

　まひによる筋肉の萎縮や関節の拘縮等に配慮して安全な利用者の姿勢の保持・変換を援助することは、ガイドヘルパーの大切な役割の1つです。

　良好な姿勢と身体の向きを変えること（変換）にあたっては、そのつど、生活の各場面に応じてどんな場合の何のための姿勢づくりかをよく考え、また、主治医、利用者、その家族の意見なども聞いて、利用者の症状・状態に則した介助を行う必要があるでしょう。

　姿勢の保持と修正、変換の注意点については、次のようなことが具体的なポイントとなります。注意点を守り、適切な介助を行っていきましょう。
①体位変換の際には、患側が下にならないようにすることが原則です。下になることが避けられない場合には、長時間放置しないように注意しましょう。
②利用者の身体をその場で直接持ち上げることは、利用者とガイドヘルパー双方にとって負担が大きいものです。負担を軽くするためには、布団やベッド上で利用者の身体をガイドヘルパーのそばに引き寄せてから体位変換を行います。
③利用者の身体に大きな摩擦を生じさせないために、身体を小さく折りたたんでもらうようにします。
④布団やベッド上で起き上がる際には、利用者の関節の動く範囲や大腿（太もも）の筋力を把握しておき、できるだけ苦痛を与えないように配慮しましょう。
⑤体位変換の前、後には必ず体調の確認を行ってください。

　また、ガイドヘルパーの腰痛などを予防し、利用者が安全、安楽に介助を受けられるようにするため、ボディメカニクスを活用した動作を行います。ポイントとして次の点があげられます。
・利用者の四肢を小さくまとめる。
・重心を低くして支持基底面積を広くする。
・介護者の重心を利用者の重心にできるだけ近づける。
・利用者の動きに合わせて、重心を移動させる。

・腕だけに頼らず、下肢の屈伸により大きな筋群を使う。
・持ち上げるのではなく水平に引くようにする。

　下肢対まひの場合、上肢機能の状態が自立度に大きく影響します。したがって、利用者の年齢や体力、身体能力の状況に応じた介助を行うのが原則となります。ここでは比較的体力があり自立度の高い利用者の介助方法と全介助に近い利用者の介助方法を説明します。ただし、利用者の能力だけでなく介助における意向も尊重する必要があるため、明記した介助方法にこだわらず、利用者と一緒に最も適切な介助方法を模索しましょう。

　また、その日の体調によっても適切な介助方法は変わります。これを理解したうえで、その日、その時の状況に応じたよりベストな方法を利用者と共に考えることを基本としてください。

　介護実践では、これから何を行うかの全体像を説明したうえで、動作一つひとつに対して丁寧な声かけをしましょう。介助が終了したら、体位・体調を確認して下さい。良好な状態であることを確認してから利用者のそばを離れるようにしましょう。

A 仰向けから横向きにする(寝返りをうってもらう)

(1) 片まひの場合

①ガイドヘルパーは利用者の寝返る方向の反対側に回り、寝がえりをうったときに身体がベッドの中央に位置するようにベッドの片側に利用者を寄せます。

寝がえりの方法①

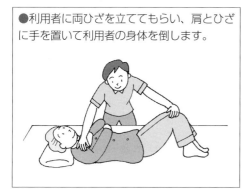
■図7-13

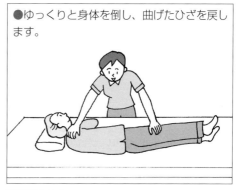
■図7-14

②寝返り側に戻り、利用者に両ひざを立ててもらい、肩とひざに手を置いて利用者の身体を倒します（図7-13）。

③ゆっくりと身体を倒し、曲げたひざを戻します（図7-14）。

寝返りの方法②

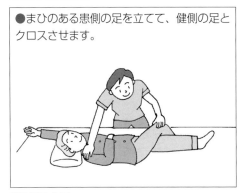

●まひのある患側の足を立てて、健側の足とクロスさせます。

■図7-15

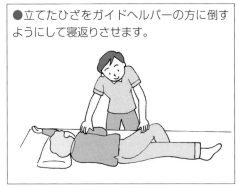

●立てたひざをガイドヘルパーの方に倒すようにして寝返りさせます。

■図7-16

①ガイドヘルパーは利用者の寝返る方向の反対側に回り、ベッドの片側に利用者を寄せます。

②寝返り側に戻り、枕を引いて顔も寝返る方向に向いてもらいます。寝返る方向の利用者の手を上げ、もう一方の手を胸の上に置きます。

③寝返る方向と逆側の利用者の足を、もう一方の足に乗せて組みます（図7-15）。

④左手（左側に寝返る場合）で利用者のもものあたりを、右手を肩にまわし、身体を横向きに回転させます（図7-16）。

（2）下肢対まひの場合

〈自立度が高い場合〉

【方法1】

①起き上がる側に顔を向けてもらいます。

②起き上がる反対側の手で起き上がる側のサイドレール（ベッドガード）を握ってもらいます。

③サイドレールを握った手に力を入れて上肢を横向きにします（図7-17）。

④下肢はガイドヘルパーが介助する……両下肢を「くの字」にして身体全体を安定させます。

⑤クッションや枕を使って安楽な姿勢にします。

Ⅰ　姿勢の保持と変換について

■図7-17

【方法2】
①起き上がる側の足の上に奥の足を乗せてもらいます。
②両手を組んで斜め上に持ち上げてもらいます（図7-18）。
③弾みをつけて組んだ両腕を斜め下に振り下ろすと同時に頭を持ち上げて横を向いてもらいます（図7-19）。
④回転が足りなくて横を向ききれない場合は、ガイドヘルパーが利用者の腰を引き側臥位を安定させます。
⑤クッションや枕を使って安楽な姿勢にします。

■図7-18

■図7-19

〈自立度が低い場合〉
①声かけをして起き上がる側に顔を向けてもらいます。
②起き上がる反対側の手で起き上がる側のサイドレール(ベッドガード)を握ってもらいます。
③自分でサイドレールを握れない場合は、ガイドヘルパーが背中を押し、利用者の手をサイドレールに持っていきます。
④サイドレールを握った手に力を入れてもらい、上肢を横向きにします。
⑤利用者の腰に手を当て、横向きの安定した姿勢をつくります。
⑥ガイドヘルパーが利用者の両下肢を「くの字」にして身体全体を安定させます。
⑦クッションや枕を使って安楽な姿勢にし、安定した体位であることを確認した後に利用者の手をサイドレールから離すよう声をかけます。

COLUMN

◆**座位保持における注意点**

　座位で過ごす時間を延長することは筋力の強化や平衡感覚の向上につながり、また、起立性低血圧の予防に効果があります。

　しかし、長い間寝たきりだった人が急に起き上がる場合にはめまいや吐き気、頻脈、冷や汗、顔面蒼白などの起立性低血圧を起こすこともあるので、注意を要します。

　高齢者などの場合、1週間以上寝たきりの状態が続くと、筋肉や関節がしだいに硬くなって、以前よりも起き上がる能力が落ちてしまいます。そのため、動くことがおっくうになってきて、起き上がる気力が薄れてしまう人もいます。

　座位の保持はギャッチ(ギャッジ)ベッドや厚いふとんなどを使って、利用者の様子を見ながら、ゆっくりと行い、少しずつ時間を延長し、角度を上げていきます。

I 姿勢の保持と変換について

B 身体を起こす方法

(1) 片まひの場合

●利用者にひざを軽く曲げてもらいます。

■図7-20

●肩部と背部を支え、利用者の両手をガイドヘルパーの頸に回してもらいます。

■図7-21

①利用者に両ひざを曲げて立ててもらい、ガイドヘルパーは利用者の手前側のわきの下から手を入れて肩甲骨を支えます（図7-20）。

②もう一方の手を利用者の奥側のわきの下に入れて、ひじのあたりで利用者の背中を支えます。起き上がる合図をして、ゆっくりと利用者を起こします（図7-21）。

●利用者にはゆっくり横向き加減に上体を起こしてもらいます。

■図7-22

③ひざを立てたままの状態で両手をガイドヘルパーの頸に回してもらいます。ガイドヘルパーは利用者の両肩甲骨部を支えます（図7-22）。

④起き上がる旨の声かけをしてから、ゆっくりと利用者に起き上がってもらいます。まひや苦痛に配慮して、静かに安全を保ちながら介助します。また、まっすぐに上体を起き上がらせると腹筋や背筋を痛めることがあるので、少し横向き加減で起きることを意識してもらいましょう。ガイドヘルパーの方へ利用者を引き寄せるようにして起き上がりを助けます。

(2) 下肢対まひの場合

〈自立度が高い場合〉

①起き上がる側に顔を向けてもらいます。

②起き上がる反対側の手で起き上がる側のサイドレール（ベッドガード）を握ってもらいます。

③サイドレールを握った手と起き上がる側の肘と前腕に力を入れて起き上がってもらいます（図7-23）。

④サイドレールを持ち替え、反対の手でベッド上の座面を押しながら長座位を安定させます（図7-24）。

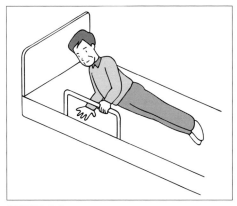
■図7-23

■図7-24

〈自立度が低い場合〉

①起き上がる側（ガイドヘルパーのいる側）に顔を向けてもらいます。

②起き上がる反対側の手で起き上がる側のサイドレール（ベッドガード）を握ってもらいます。

③自分でサイドレールを握れない場合は、ガイドヘルパーが背中を押し、利用者の手をサイドレールに持っていきます。

④サイドレールを握った手と起き上がる側の肘と前腕に力を入れて起きあがるよう声をかけます。

⑤ガイドヘルパーは利用者の背中に手を回し、利用者が起き上がろうとするタイミングに合わせて上肢を起こします（図7-25①、②）。

⑥利用者に両手をベッド上の座面に置いて長座位を安定させるよう声かけします。
⑦ガイドヘルパーは利用者の骨盤の位置を整えて長座位の安定を図ります。
⑧利用者にサイドレールを持ち自分の力で座位を安定させるよう働きかけます。
⑨長時間座位を保持する場合は、あぐらをかく姿勢（片脚or両脚）になってもらうことでバランスを保ちやすい状態にします。

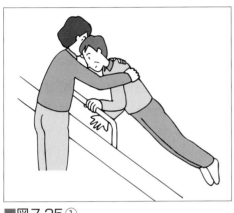
■図7-25①

■図7-25②

COLUMN

◆上半身が患側に倒れるおそれがある場合

ふとん、ベッドの上で起き上がるときは、利用者の太ももの動く範囲や関節の筋力（脚力）を把握しておきましょう。

上半身が患側へ倒れるおそれがある場合には、利用者のひざの下に毛布などを入れたり、患側にクッションや毛布、あるいはロール巻きにしたタオルを入れたりして固定するとよいでしょう。

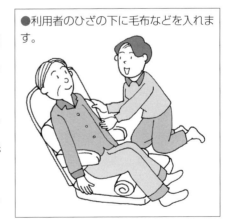
●利用者のひざの下に毛布などを入れます。
■図7-26

C ベッドの端に腰をかける方法

（1）片まひの場合

①利用者に横向きになってもらい、健側のひじをベッドにつき、健側の足を患側の足首に組んでベッドの端へ寄せます（図7-27）。

②上半身を上げて両足をベッドの端に出し（図7-28）、右手を利用者の頸部に差し込み（図7-29）、健側のひじを伸ばして上半身を前に倒すようにしながら起き上がります。

③両足底を床に着け、健側の上肢で上半身を支えて腰をかけてもらいます（端座位の姿勢）。ガイドヘルパーは、足を下ろした利用者がバランスを崩して転倒しないよう見守ることが必要です。

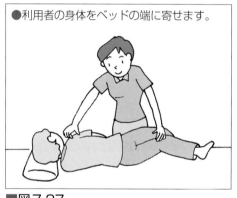
■図7-27

■図7-28

　足底が床に着いたらひざ関節を90度の状態にして座位を安定させます。

　全介助の場合は、片手で利用者の頸部、肩甲骨を支え、もう一方の手は両ひ

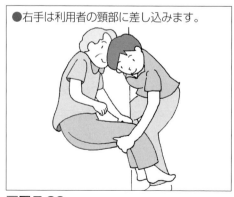
■図7-29

■図7-30

ざの裏に回します。利用者の臀部を支点に、大腿部を抱え込むようにしてベッドの外側にくるように回転させ、床に足を下ろします（図7-30）。

（2）下肢対まひの場合

〈自立度が高い場合〉

①ベッドを最も低い位置にセットします。

②起き上がる側に顔を向けます。

③起き上がる反対側の手で起き上がる側のサイドレール（ベッドガード）を握ってもらいます。

④サイドレールを握った手と起き上がる側の肘と前腕に力を入れて起き上がってもらいます。

⑤サイドレールを持ち替え、反対の手でベッド上の座面を押しながら長座位を安定させます。

⑥片手はサイドレールを持ったままにし、もう一方の手で下肢を1本ずつベッドサイドに下ろしていきます（図7-31）。

⑦左右に重心を移動させながらベッド面をプッシュアップして少しずつ前に進み、ベッドサイドに浅く座ってもらいます（図7-32）。

⑧端座位時間が長くなる場合は、床面に箱などを準備して膝を高くする、または足を少し前に投げ出すことで端座位姿勢の安定を図ります（ズボンを持ち上げる形で自分の足を1本ずつ前に持っていきます）。

■図7-31

■図7-32

〈自立度が低い場合〉

①ベッドを最も低い位置にセットします。

②起き上がる側（ガイドヘルパーのいる側）に顔を向けてもらいます。

③起き上がる反対側の手で起き上がる側のサイドレール（ベッドガード）を握ってもらいます。

④自分でサイドレールを握れない場合は、ガイドヘルパーが背中を押し、利用者の手をサイドレールに持っていきます。

⑤サイドレールを握った手と起き上がる側の肘と前腕に力を入れて起き上がるよう声をかけます。

⑥ガイドヘルパーは利用者の背中に手を回し、利用者が起き上がろうとするタイミングに合わせて上肢を起こします。

⑦利用者にサイドレールを端座位になる側の手に持ちかえるよう声かけをします。

⑧ガイドヘルパーは利用者の両下肢をベッドサイドに持っていきます（図7-33）。

⑨利用者の重心を左右に動かしながら少しずつ前に進ませ、浅い位置に座ってもらいます（図7-34）。

⑩利用者にサイドレールを持ち自分の力で座位を安定させるよう働きかけます。

⑪端座位時間が長くなる場合は、床面に箱などを準備し、膝を高くするまたは足を少し前に投げ出す介助を行い端座位姿勢の安定を図ります。

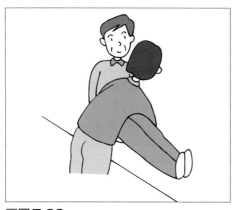

■図7-33

■図7-34

Ⅱ 移乗介助の基本

移乗とは、ある状態や場面から別の状態や場面に「乗り移る」ことです。

ベッドから車いすへ、車いすからトイレへと、移乗動作は日常生活のなかで高い頻度で行われます。移乗動作は、「乗り移り」ですから、転倒、あるいは車いすなどの対象物に衝突するといった危険をともなうものです。

ガイドヘルパーは、利用者が安全に「乗り移り」ができるように移乗介助を行わなければなりません。利用者の障害の程度や身体状況によって、それぞれ移乗方法が異なってきますが、ここでは基本動作について紹介します。

§1 移乗動作のしくみ

移乗動作とは、複数の動作が連続して行われるものです。たとえば、立位をとることができる利用者の「ベッドから車いすへの移乗」では、「ベッド上に起き上がる→床の上に立ち上がる→方向転換する→座る」が一連の動きのなかで行われています。ここで注意しなければいけないのは、移乗動作は1つの動作ではなく、複数の動作が一連の動きのなかで行われているということです。1つの動作が完了してから次の動作に移ることが安全な介助の基本です。

§2 移乗介助の原則

移乗の介助にあたっての原則は、利用者の安全と安心を確保した方法であること、ガイドヘルパーの身体に無理のない方法であることがあげられます。

これらを確実にするためには、移乗介助の技術をしっかりと身につけたうえで、利用者の状態や環境などを考慮して、利用者にあった介助方法で行いましょう。必要に応じて補装具や福祉用具を利用します。

III　移乗介助の技術

　全身性障害者の移乗介助を行うためには、まず利用者を抱きかかえる必要があります。しかし、車いすへの移乗については、時間をかければ自分でできるようになる人もいます。

　障害の部位や痛みの有無、身体能力には個人差があります。ガイドヘルパーはすべてを介助するのではなく、利用者ができることは自力で行ってもらうように援助します。

　ここでは移乗介助における分類を、自力で立つことのできる人（下肢に力が入る人）と、自力で立つことができない人（下肢に力が入らない人）とします。前者に対する援助を一部介助、後者に対する援助を全介助と理解してください。

　下肢に力が入る障害者には、脳血管障害における片まひ（右半身まひ、左半身まひ）の人などがいます。

　脳梗塞、脳血栓、脳塞栓、脳出血などの脳血管障害は、運動機能障害として片まひを起こすことが多いです。まひの初期は筋緊張が低下する弛緩性ですが、その後、筋緊張が亢進する痙性まひとなり、訓練によって随意運動ができるようになることで、痙性まひが少しずつ治まってくることもあります。また、運動機能障害は眼球や舌などにも及び、失語症、感覚障害、精神機能障害等をともなうこともあります。さらに、長期間の寝たきり状態が続くと、骨、筋肉、皮膚は萎縮し、廃用症候群や骨粗鬆症などになります。筋力・持久力が低下し、関節には拘縮が生じ、起立性低血圧や心拍数過大反応も生じます。

　移乗介助を行ううえでは、水分の摂取は十分か、服薬は行ったかなどのチェックをし、基礎疾患（糖尿病や高血圧、脂質異常症（高脂血症）など）についても配慮します。全介助が必要な重度の障害者は、まひ側の弛緩により、肩関節などに脱臼を起こす危険もあるため注意を要します。

§1 下肢に力が入る人の移乗介助（一部介助）

A 床と車いす間の移乗介助を1人の介助者で行う場合

ここでは、床から車いすへの移乗方法について説明します（車いすから床への移乗については逆の順序で行います）。

介助しやすいよう利用者の近くに車いすを準備しておきます。

①ガイドヘルパーは利用者の横に位置します。重心を低く構え安定した姿勢をとりましょう。

②利用者の身体を起こすため、両腕を胸の前で組んでもらいます（図7-35）。ガイドヘルパーの片手を利用者の頸《くび》の下へ通し、反対側の肩に回すようにして背中と頸を支えます。もう片方の手は反対側の肩の後ろから支えて、利用者の上半身をゆっくりと起こします（図7-36）。

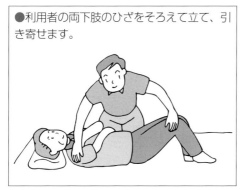

●利用者の両下肢のひざをそろえて立て、引き寄せます。

■図7-35

●利用者の頸の下へひじを通し、片方の手を反対側の肩の後ろから支え、ゆっくりと起こします。

■図7-36

③利用者の足側にあるガイドヘルパーの手を利用者の両ひざの裏に通し、両大腿部をかかえます（図7-37）。体幹が反り返る利用者の場合には、頸を少し引いてもらい、ゆっくりと抱き上げます。可能であれば利用者の両腕または片手をガイドヘルパーの頸に回してもらうとより安全です。

④ガイドヘルパーは車いすに近づいてひざを曲げ、利用者の腰を車いすのシートに着実に乗るように下ろします（図7-38）。

⑤利用者の座位姿勢を整えます。座位姿勢が安定したら、フットサポートを元

●利用者の両ひざの裏から手を通し、両大腿部をかかえ、ゆっくりと抱き上げます。

■図7-37

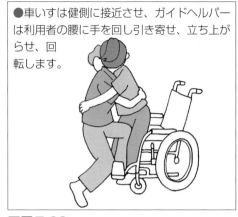
●車いすは健側に接近させ、ガイドヘルパーは利用者の腰に手を回し引き寄せ、立ち上がらせ、回転します。

■図7-38

の位置に戻して足を片方ずつ乗せます。姿勢を整える際には、苦痛を感じていないか確かめながら行います。

B 2人の介助者で行う場合

　体重の重い人の場合などは、2人のガイドヘルパーで移乗介助を行うとよいでしょう。脳性まひのある利用者などの場合、介助中に緊張が高まって姿勢が不随意に変わる可能性もあるため、利用者に適度に寄り添い身体をかかえ込むようにします。

①ガイドヘルパーは利用者の側面に位置し、1人は利用者の頭側、もう1人は足側に両ひざ立ちになります（図7-39）。

②頭側のガイドヘルパーは、片手を利用者の肩口から反対側の肩に回して頭と上体を支え、もう片方の手を腰の位置に入れます。足側のガイドヘルパーは、片手を腰から入れて腰と下肢、とくに臀部を中心に支え、もう片方の手を利用者の足の上からひざの裏側に入れます。

③お互いに声をかけ合い役割の確認や状況を把握し、ガイドヘルパーはひじを曲げて、できるだけ利用者に密着して立ち上がります（図7-40）。その際、2人で声をかけ合い、タイミングをはかることで危険を防ぐようにします。利用者の頭側のガイドヘルパーがリードする形で、少し早めに動いて利用者の身体のバランスを整えるように気をつけます。

Ⅲ 移乗介助の技術

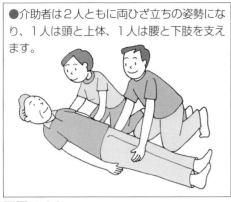

●介助者は2人ともに両ひざ立ちの姿勢になり、1人は頭と上体、1人は腰と下肢を支えます。

■図7-39

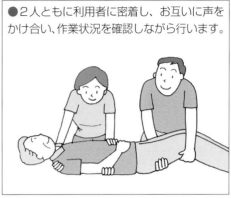

●2人ともに利用者に密着し、お互いに声をかけ合い、作業状況を確認しながら行います。

■図7-40

④持ち上げた利用者の身体を安定させるために、2人ともすり足で歩き、ぐらつきを防ぎます。車いすの前で一旦停止し、頭側のガイドヘルパーはゆっくりと利用者の上体を前方に傾け、脚側のガイドヘルパーは頭側のガイドヘルパーのスピードに合わせながら、しゃがむようにして利用者の腰を車いすの座面に誘導します。利用者が完全に座面に腰をかけてから、フットサポートに足を乗せるなど、利用者の姿勢を整えます。

C ベッドから車いすへの移乗（下肢対まひ：自立型）

①ベッドの高さを車いすの高さよりより2cm程度高くします。
②車いすをベッドサイドに直角にセットし、利用者はベッド上で長座位になって準備します（図7-41）。

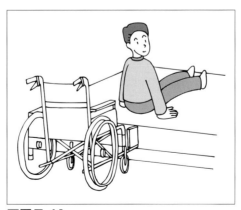

■図7-41

133

③利用者は長座位のままプッシュアップでバランスをとりながら後ろ向きで車いすまで移動し、両手で車いすの肘掛けを握ります。
④上半身を両手で支え腰を浮かせながら車いすのシートに臀部を乗せます。
⑤その後片方ずつフットサポートに足を乗せます。

D ベッドと車いす間（1人の介助者で行う場合）

　ここでは、利用者自身が残存機能を使い、少し介助すれば立つことが可能な利用者がベッドから車いすへ移乗する方法を説明します（車いすからベッドへ移乗する場合は、逆の順序で行います）。

①車いすを利用者の頭側に置いて、ベッドの側面に対して車いすを少し斜めに置き（図7-42）、車いすのブレーキをかけてフットサポートをはね上げておきます。取り外しが可能であれば、ベッドに近い側のアームサポートを取り外しておきます。また、できるだけオープンスペースを確保して介助しやすい状態をつくります。利用者を上半身、腰、脚の順で身体を手前（車いす側）に寄せます。

②ガイドヘルパーの片手を利用者の頸(くび)の後ろから反対側の肩に回し、上体を起こします（図7-43）。

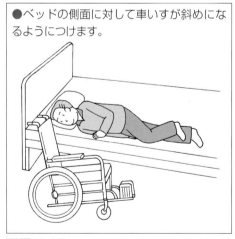

●ベッドの側面に対して車いすが斜めになるようにつけます。

■図7-42

●利用者の頸の後ろから反対側の肩に片手を回し、上体を起こします。肩に回した手で利用者を支え、両ひざの下に手を差し入れ、回転させ、足をベッドの外に出すようにします。

■図7-43

　利用者が容易に座ることができない場合、ガイドヘルパーが両手で背中を支え上体を起こすようにします。

③肩に回している手で利用者を支え、足をベッドの外へ出すようにして、もう一方の手を両ひざの裏に移します。続いて利用者の身体を回転させ、下腿がベッドの外に出るように誘導します（端座位の姿勢になります）（図7-44）。

④ベッド端で端座位の姿勢にある利用者の腰をしっかり支え、身体を密着させ、利用者にゆっくりと立ち上がってもらいます。

⑤それから、利用者と一緒に車いすの方向に身体の向きをゆっくりと変えていきます（図7-45）。利用者の臀部が車いすの座面まで来た時点で、腰を下ろすように誘導します（図7-46）。利用者が完全に座ったことを確かめ、アームサポートを取り外していた場合は、利用者が座った時点でつけましょう。足をフットサポートに乗せて姿勢を整えます。

★2人で介助を行う場合には、1人が利用者の横に腰かけて手を上半身に回し、もう1人はひざ裏を支えて持ち上げます。

●利用者の身体を回転させ、下腿がベッドの外に出るように誘導します（端座位の姿勢になります）。

■図7-44

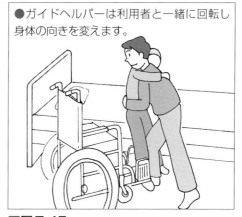
●ガイドヘルパーは利用者と一緒に回転し身体の向きを変えます。

■図7-45

●利用者の臀部が車いすの座面に来た時点でゆっくりと腰を下ろします。

■図7-46

E 車いすとトイレの間

利用者がトイレを利用する際には、便器の高さは床から40〜50cmが使いやすく、車いすから移乗する場合は車いすのシートと高さをそろえると移乗しやすいでしょう。

トイレ内では動作を安全に行うために、手すりを使用します（図7-47）。手すりの位置は便座に座った姿勢で健側にあるとよいでしょう。トイレの広さによって、また手すりの位置などによって、車いすから立ち上がって移動する場合と、車いすから直接側方移動、前方移動を行う場合とがあります。

立ち上がって移動するときは、便器が健側に位置するように、車

■図7-47

いすと便器を直角またはやや斜めにつけます。そして、手すりまたは車いすのアームサポートをつかんで健側下肢を軸にして便器に腰かけます。トイレットペーパーは健側上肢が届く位置に設置するとよいでしょう。

§2 下半身まひ等で下肢に力が入らない人の移乗介助（全介助）

脊髄損傷（疾病の理解については46頁参照）とは、外傷により脊髄神経が損傷され、脊髄まひを起こした状態です。損傷を受けた部位より下の運動機能と知覚機能等が失われ、ぼうこう機能や直腸機能障害をともなうことが多くあります。部位により異なりますが、頸髄損傷は四肢まひ、胸髄損傷、腰髄損傷は下肢まひが生じることが多いです。ここでは脊髄損傷は運動まひのみならず、感覚まひや排尿排便障害などがあることを理解しておきましょう。

介助の注意点として、頸髄損傷は知覚障害により、皮膚が圧迫されても痛み

を感じないため、褥瘡を起こしやすいことがあげられます。身体を移動させるときも周囲のものに体をぶつけないことが大切です。

まひのある部位は発汗が行われず体温調節がしにくいため、高温の日の外出は冷たいタオルなどで体温を下げる工夫も必要です。また、臥位から座位の姿勢をとると血液が下半身に貯留して頭蓋内の血圧が下がり、意識がもうろうとなる場合があります。長時間同じ姿勢をとる場合も同様です。このような場合には身体を後方に倒し、頭の位置を下半身より低くして、血液を頭部へ送ることで対処します（車いすに座っている場合は、ティッピングレバーを押して駆動輪でバランスをとり臥位の姿勢にします）。

また、車いすで外出する場合、座位姿勢が長い間続くため、背もたれにしっかりと背中がつくよう骨盤の位置を確認して座位保持することが大切です。

A 車いすとベッド間の移乗介助を1人の介助者で行う場合

1人の介助で車いすからベッドへの移乗を行うときは次のような手順にしたがって進めます。

①車いすをベッドに斜めに近づけて、ブレーキをかけます。フットサポートをはね上げ、利用者の臀部をシートの前方に移動させて利用者の足場をつくります。介助スペースを確保して利用者の両足を床面に着けます。この際、利用者自身の力でシートの前方に移動できる人には声をかけて行ってもらいましょう。

②ガイドヘルパーは、移動する方向と反対側のガイドヘルパーの肩に利用者のあごを乗せてもらいます。利用者に両腕をガイドヘルパーの頸（くび）（あるいは肩のあたり）に回してもらい、ガイドヘルパーは両手を差し入れ利用者の腰を支えます（図7-48）。

③ガイドヘルパーは、一方の足を利用者の両足の間に入れます。利用者の上半身の重心を前方に移動させ、利用者におじぎをするような姿勢を促し、斜め上方に腰を引き上げます（図7-49）。

④ガイドヘルパーは、自身の胸部で利用者の上半身を支えながら、方向転換を行います（図7-50、51）。このとき利用者のひざ折れ防止が必要な場合は、ガイドヘルパー自身のひざや大腿部で利用者の下半身を支えるようにします。

⑤ガイドヘルパーの片手を利用者の背中にすべらせ、利用者の上体を支えます。そして利用者に端座位の姿勢をとってもらいます(図7-52)。利用者の身体をゆっくりと倒します(図7-53)。なお、方向転換する際は足首をひねらないよう座位姿勢の時につま先の向きを動かしておきましょう。

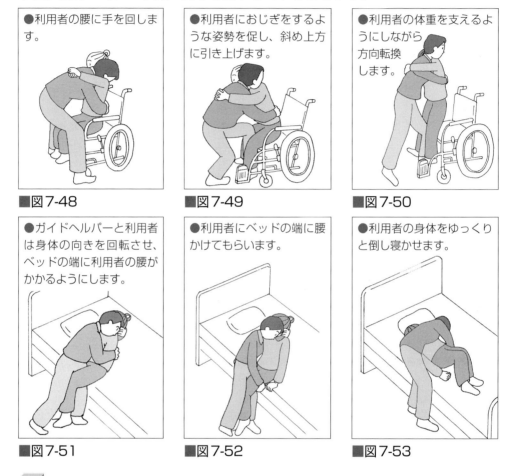

■図7-48　■図7-49　■図7-50
■図7-51　■図7-52　■図7-53

B ベッドから車いすへの移乗①（下肢対まひ：全介助型1）

①ベッドと車いすの高さを揃え、介助スペースを考えた適切な場所に車いすをセットします。

②利用者は長座位または仰臥位で準備してもらいます。

③2人のガイドヘルパーが上肢と下肢をそれぞれ持ち、声をかけながら利用者の臀部を車いすに乗せます(図7-54)。

④座位姿勢を修正し、フットサポートに両下肢を乗せます。

C ベッドから車いすへの移乗②（下肢対まひ：全介助型2）

①車いすの高さより4〜5cm程度ベッドを高くセットします。
②利用者には端座位で準備してもらいます。

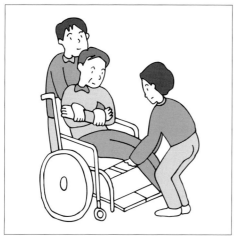
■図7-54

■図7-55

③スライディングボードの端を利用者の臀部に差し込み、反対側を車いすに渡します。
④利用者がバランスを崩さないよう身体を手で支えながら利用者の身体を車いすに向けてスライドさせます（図7-55）。
⑤座位姿勢を修正し、フットサポートに両下肢を乗せます。

　下肢対まひの介助では、必要に応じて下肢の向きの変更や移動を手助けしましょう。すべて自分で行いたい、行えると思っている利用者でも、バランスを崩すことがあります。ガイドヘルパーは利用者がバランスを崩したときに適切な支援ができる場所で見守りましょう。利用者が安全な姿勢になるまで気を抜かない介助をすることが大切です。

D 車いすとベッド間の移乗介助を2人の介助者で行う場合

①車いすをベッドの斜めまたは横に設置し、駐車用ブレーキレバーをかけて、利用者に腕を組んでもらいます。
②車いすの前方で利用者と対面しているガイドヘルパーは、片手を利用者の両

ひざの下に差し入れ、もう片方の手をひざの上から回して組みます。
③車いすの後方で利用者の背面にいるガイドヘルパーは、利用者の両方のわきの下から両手を差し入れ、利用者の組んだ両腕の前腕部をつかみます（図7-56）。
④利用者の後方に位置するガイドヘルパーの利用者へのかけ声に合わせて、前方に位置するガイドヘルパーは利用者の両下肢と臀部を持ち上げます（図7-57、58）。後方のガイドヘルパーは利用者の上体を持ち上げ、ベッド上に移動させます（ベッドから車いすへの移動は上記の逆の方法で行います）（図7-59）。

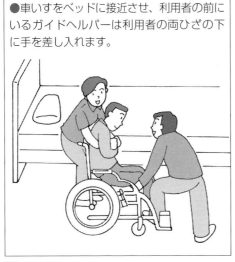

●車いすをベッドに接近させ、利用者の前にいるガイドヘルパーは利用者の両ひざの下に手を差し入れます。
■図7-56

●利用者に腕を組んでもらい、後方のガイドヘルパーはわきの下から手を入れ持ち上げます。 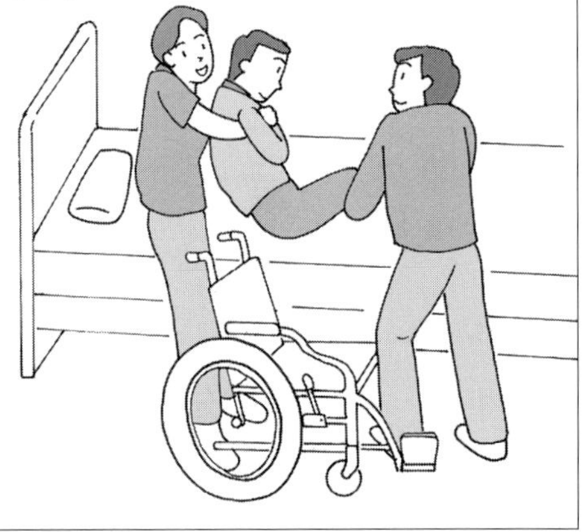
■図7-57

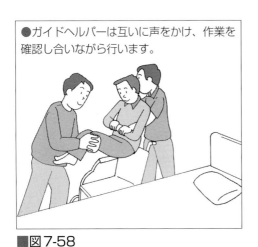

●ガイドヘルパーは互いに声をかけ、作業を確認し合いながら行います。
■図7-58

●利用者の身体をゆっくりベッドに下ろします。
■図7-59

Ⅳ 移動介助の基本

§1 車いすの取り扱い方法

　利用者の移動介助を行うにあたっては、ガイドヘルパーは、車いすの構造を理解し、基本的な取り扱い方法を知っておく必要があります。安全な移動介助のためには利用者が使用している車いすの種類と機能チェックは欠かすことができません。利用者が使用している車いすにはいろいろなタイプがあり、継続使用による消耗部分もあるので、車いすの実際の使用に際しては、その車いすの種類・取り扱い・特徴などについて、本人や家族によく聞いてしっかり把握しておきましょう。必要に応じて理学療法士などに聞くことも大切です。

A 車いすの点検と対処のポイント

(1) ブレーキ・タイヤの点検

●駐車用ブレーキレバーの位置確認
　ブレーキレバーの位置がずれるとブレーキの効力が低下します。駆動輪が回転することがあるので、正しい位置にあるかどうかを確認します（図7-60）。また、タイヤにさわったとき、やわらかいようなら空気を入れます。空気抜けがあると、ブレーキの作用が低下したり、車いすの走行性が落ちます。

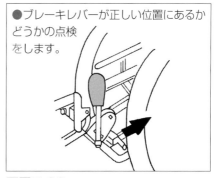

●ブレーキレバーが正しい位置にあるかどうかの点検をします。

■図7-60

(2) グリップの固定確認

●グリップと取り外し部分の固定の確認
　グリップがバックサポートにしっかり固定されているか、また、後輪やフットサポー

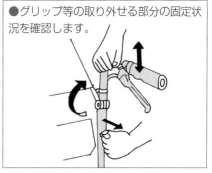

●グリップ等の取り外せる部分の固定状況を確認します。

■図7-61

141

ト、サイドガードなどの取り外せる部分の固定状態はどうかを確認します（図7-61）。

タイヤの空気やブレーキ作用、フットサポートなどの固定状況を利用者自身がチェックできることも自立の一つと言えます。自立を促すためにも、一緒にチェックするようにしましょう。

B 車いすの取り扱い

車いすは、種類も取り扱い方も多種多様です。ここでは、標準的な車いすの基本の取り扱い方法についてふれることにします。

(1) 車いすを使うとき

①シートを広げる：アームサポートを持って外側に少し開いてから、手のひらでシートの左右端を下に押しつけて完全に開きます（図7-62、63）。

②リクライニング機能の確認：バックサポート部分にリクライニング機能が付いている車いすの場合、操作前には必ず利用者に声かけし、バックサポートの角度を調整しましょう。駐車用ブレーキレバーの近くにあるリクライニングレバーを握りながらグリップを動かします。

③フットサポートの傾きの調整：リクライニングで上体を倒しているときは、両足を前方に上げると姿勢が楽になる場合があります。そのようなときは、フットサポートの傾きを調整しましょう。

(2) 車いすをしまうとき

①シートを折りたたむ：駐車用ブレーキをかけて、まずフットサポートをはね上

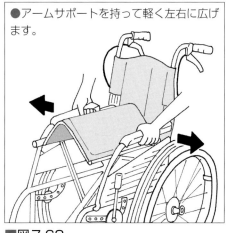

●アームサポートを持って軽く左右に広げます。

■図7-62

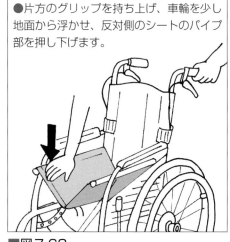

●片方のグリップを持ち上げ、車輪を少し地面から浮かせ、反対側のシートのパイプ部を押し下げます。

■図7-63

げます(図7-64)。シートの前後の中央部を持ち上げて左右の幅を狭くし、両方のアームサポートの間隔をさらに狭めながらたたんでいきます(図7-65)。
②バックサポートを折りたたむ：バックサポート部分を取り外せる場合、バックサポートの左右にある支柱のジョイント部分のロックを解除して、バックサポートを後方に折りたたみます。バックサポートを戻した後はロックを必ず確認。ロックの解除はレバーを倒すものやボタン式のものがあります。バックサポートを倒すと車のトランクなどに積み込みやすくなります。

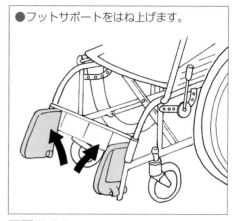

●フットサポートをはね上げます。

■図7-64

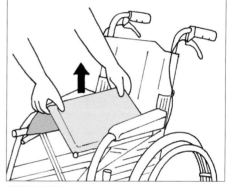

●シート前後の中央部を持ち上げ、アームサポートを持って左右から押し縮めるように折りたたみます。

■図7-65

第7章　移動介助にかかわる技術

§2 車いすの基本操作

A ブレーキの操作

　傾斜のきつい坂道や滑りやすい道など、車いすのバランスが崩れやすいところでは、ブレーキの重要性が高まります。しかし、ブレーキの操作は場合によっては、乗車している利用者に大きな動揺や恐怖をもたらすこともあるので、慎重に行うことが大切です。

　車いすのブレーキには、いくつかのタイプといくつかの操作法があります。

(1) ブレーキレバーの操作

　車いすを一旦停止させ、片方の手をグリップから離して、駆動輪部分にある駐車用ブレーキレバーを倒し、ブレーキをかけます。このとき、両手がグリップから離れないように、必ず、片方ずつブレーキをかけます（図7-66）。

●駐車用ブレーキレバーと制動用ブレーキ

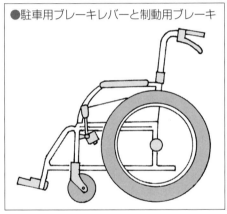

■図7-66

　駐車用ブレーキレバーには、ワンタッチ式と2段式があります。

　ワンタッチ式は、力を入れずにブレーキ操作が可能ですが、何かのはずみでブレーキが外れてしまうこともあり、つねにブレーキの確認が必要です。

　2段式ブレーキレバーは、外れる危険性は少ないですが、1段目のみのブレーキでは車いすが動いてしまうことがあるので必ずブレーキ確認をする必要があります。

●制動用ブレーキは、介助する人が手元で車いすを停止したり、減速する場合に使用します。

●制動用ブレーキレバーを握ります。

■図7-67

(2) 制動用ブレーキの操作

　制動用ブレーキとはグリップの下に付いているブレーキのことをいいます

（図7-67）。これは自転車と同じ要領でブレーキをかけるのでガイドヘルパーがグリップから手を離すことなく、速度調節できるという利点があります。しかし、使いやすい反面、急ブレーキをかけると利用者が車いすの前方に投げ出されるということもありうるので注意が必要です。

(3) ブレーキペダルの操作

ブレーキペダルを踏むタイプの車いすの場合、ガイドヘルパーは両手をグリップから離すことなく、車いすにブレーキをかけることができます。なお、ブレーキをかける際は、車いすを一旦停止させてからブレーキペダルを踏みましょう。

B キャスタの操作

車いす使用者の移動介助を行う際は、キャスタを上げる動作が頻繁に行われます。具体的には、キャスタが溝にはまったり、車軸に小石などが入り込んで車いすを壊してしまう事故を防ぐときや、段差を越える際にキャスタを上げる動作が必要となります。キャスタを上げる際は、次の手順で行います。

(1) 利用者への配慮・声かけ

動作の前に「キャスタを上げます」などと利用者に対して声かけを行います。キャスタを上げると、車いすは後方に傾きます。ガイドヘルパーは、利用者が恐怖を感じることがないように配慮した声かけをしましょう。

(2) ティッピングレバーを踏む

ティッピングレバーを踏んで、グリップを下に押し下げます。勢いをつけすぎると、車いすが後ろに倒れることがあるので、注意してゆっくりと力を加えます。ガイドヘルパーの力が足りず、なかなかキャスタが上がらない場合には利用者に背もたれ側に重心をかけるようにしてもらうと、比較的軽い力でキャスタを上げることができます。ただし、利用者の障害の程度によって体重移動に協力してもらえない場合もあるので、注意しましょう。

C 車いすを方向転換させるとき

車いすの実際の移動は、直進だけでなく、曲がることもあります。移動しな

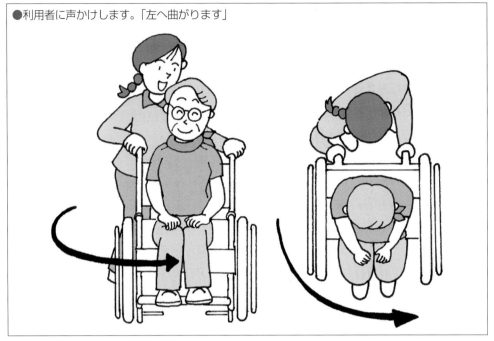

■図7-68

がら車いすの方向を変える場合には、次の点に気をつけて介助しましょう。

(1) 動作の前の声かけは介助の基本

　曲がり角を曲がる前に、「左（右）に曲がります」などと利用者に対して声かけを行います（図7-68）。動作を始める前の声かけは、ガイドヘルパーの介助の基本です。

(2) 減速して曲折します

　曲がる前には車いすの速度を落とします。減速せずに曲がると、車いすが傾いたり、利用者の身体が曲がる力につられて外側にずれてしまう危険性があります。

(3) 平坦な場所で方向転換します

　曲がり角では、わずかな段差でもキャスタが引っかかったり、片側の段の上に乗り上げたり、バランスを崩しやすいものです。そうなると、車いすが転倒して利用者が車いすから投げ出されるおそれもあります。また、車いすの故障を招く場合も考えられます。方向転換は、できるだけ平坦な安定した場所で、ゆっくりと曲がりましょう。

（4）もとの移動速度に戻します

曲がるときには、完全に曲がりきったことを確認してから、ゆっくりともとの移動速度に戻しましょう。曲がりきらないうちに速度を上げたり急に加速したりすると、利用者が身体のバランスを崩すおそれがあります。

D 坂道を上るとき、下るとき

上り坂と下り坂の道を通過する際の移動技術は、車いす用に設置されたスロープなどで活用することができます。駅構内や建物の出入口などのいたるところでよく見られるようになったスロープでは、階段の昇降よりも簡単に上方または下方への移動を行うことができます。

（1）上り坂での移動介助の注意点

①**坂道の上り方**：ガイドヘルパーはグリップをしっかり握り、車いすにもたれかかるように自分の体重をかけて押していきます（図7-69）。押し戻されないように注意しましょう。歩幅を広くとってゆっくりと進むと、力を入れやすく、安全です。

②**坂道の途中の停止**：坂道の途中の停止では、必ず、両側の駐車用ブレーキをかけて車いすを固定し、ガイドヘルパーは車いすの後ろから離れて

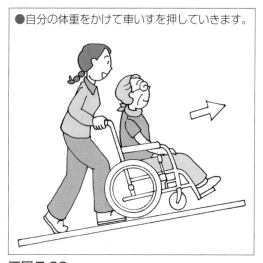
●自分の体重をかけて車いすを押していきます。
■図7-69

はいけません。片手はグリップと制動用ブレーキを握ったまま、片方ずつ駐車用ブレーキをかけて、両手を離すことのないように注意します。利用者が駐車用ブレーキをかけることが可能な場合は、利用者にかけてもらいますが、その場合も確認をします。なお、駐車用ブレーキがかかっていても、ガイドヘルパーは車いすの後ろから離れてはいけません。

（2）下り坂での移動介助

車いすで坂を下るときは、後ろ向きが原則です。前向きの状態で坂を下ると、

車いすが前に傾いて、利用者の身体が前に転落する危険があるからです。後ろ向きの状態で坂を下る際の移動介助は、次の点に注意します。

①利用者へ声かけ：「後ろ向きになります」「下り坂なので、後ろ向きで進みます」などと利用者に対して声かけをします（図7-70）。車いすがバランスを崩すと、利用者に恐怖感を与えてしまうので、慎重に下っていきましょう。

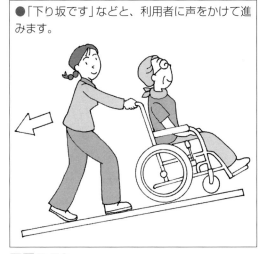

●「下り坂です」などと、利用者に声をかけて進みます。

■図7-70

②少しずつ、ゆっくりと：車いすを後ろ向きにし、グリップをしっかりと握って、車いすを押し上げるような姿勢で足に力を入れて移動します。速度を上げると車いすに勢いがつき、支えきれなくなりますので、制動用ブレーキで速度を調整しながら、少しずつ、ゆっくりと下るようにします。

③後方の障害物の確認：後ろ向きに進むので、転倒しないように、後方の障害物の有無を確認します。外出先では、ほかの通行人が坂を上ってくることもありますので、坂道を下り始めたときだけ確認するのではなく、下っている最中も後方の安全を怠らないようにしましょう。また、利用者の姿勢のずれがないように配慮することも大切です。

(3) 坂道を横切る場合の注意

　車いすで坂道を横切るときは、傾斜の下方に車いすが傾いてバランスを崩しやすく、車いすの転倒や転落の危険性もあります。ガイドヘルパーは、傾斜の下方のグリップを離し、利用者の身体に手を添えて、もう一方の手ではグリップを握って車いすを安定させます。

　また、坂道を横切る際にはキャスタが傾斜の下方に向いてしまうため、車いすをまっすぐに押すと、坂下に引っぱり込まれるように進んでしまいます。この場合は、車いすを坂の斜め上に押し上げるように進むと、坂の下に車いすが流されることなく、坂道を横切っていくことができます。

IV 移動介助の基本

> **COLUMN**
>
> ◆**車いすを前向きにして下るとき**
>
> 傾斜が非常にゆるやかで、利用者の了承が得られた場合には、車いすが前向きの状態で坂を下ることもあります。
>
> その場合は、次の点に留意します。
>
> 前向きで坂を下ることを利用者に確認します。利用者が望まない介助方法を押しつけてはいけません。傾斜がゆるやかであっても、利用者が後ろ向きで坂を下ることを希望した場合や障害によって身体を支えることが困難な場合は、車いすを後ろ向きにして坂を下りましょう。
>
>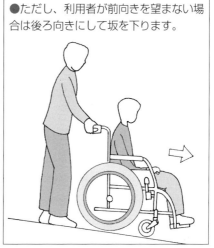
> ●ただし、利用者が前向きを望まない場合は後ろ向きにして坂を下ります。
>
> ■図7-71

§3 車いす上での姿勢を修正するとき

A 車いすにおける座位姿勢

車いすに座ったときの姿勢保持については、利用者が少しでも不安な気持ちにならないように、どのような態勢が安全・安楽なのか、その望むところを受け入れて、姿勢の保持・修正をします。

①**座面に対して垂直**：利用者は車いすの座面に対して垂直になるように姿勢を保ちます（図7-72）。頭が十分に高い位置になるように身体を起こしましょう。骨盤・下肢・腰部・

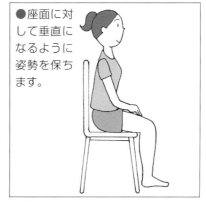
●座面に対して垂直になるように姿勢を保ちます。

■図7-72

胸部・頭部が、座面に対して垂直になっているかを確認します。

②シートに深く座ることが座位の基本：利用者はシートに深く座って、フットサポートに足底を着けます。バックサポート（背もたれ）とシートの間に隙間をつくらないことが座位保持の基本です（図7-73）。

③体幹のコントロール：シートとの接触面を大きくとるために、足を広めに開いてやや外股ぎみにして安定を図ります。また、体幹の安定を図るために、腰ベルト、股ベルトなどで安定させることもあります。

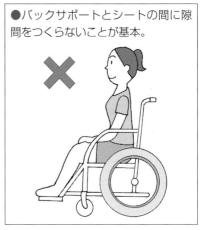
■図7-73

B 座位姿勢の修正

障害による不自由さを緩和したり介護負担を軽減するためには、姿勢の修正が必要になります。

（1）深く座る場合

全介助の人の支援で車いすに深く座るように姿勢を修正する場合は、次の手順で行います。

①姿勢の修正を行う前に、車いすに駐車用ブレーキをかけて安定させます。ガイドヘルパーは車いすの後方に立ち、利用者の両側のわきの下から腕を通して利用者の前腕を握ります。

②片まひなどの場合、障害のないほうの腕を握るので、利用者には身体の前で障害のない腕を前にして腕を組むようにひじを曲げていてもらいます。両腕に障害がある場合は、両腕の前腕を握ります。

③利用者の身体を持ち上げるようにバックサポート側に引き寄せ、深く座り直します（腹部を押すような形で力を入れる）（図7-74）。上体を反らすようにして持ち上げると、キャスタが浮いたり、利用者が体幹を痛めたりすることがあるので注意しましょう。

自分で深く座る力がある人には、なるべく自分の力で座ってもらいましょう。

片まひの場合は、利用者に健側の足で床を蹴ってもらい、そのタイミングに合わせてガイドヘルパーがまひ側の足を持ち上げて押すようにします。介助者が利用者の前で腰を落とし、利用者の体の重心を横に傾け、臀部が座面から浮いている側の太股を持ち上げながら奥に押す介助を左右交互に行う方法もあります。

●利用者の身体を持ち上げるように寄せて深く座ってもらいます。

■図7-74

(2) 浅く座る場合

良好な姿勢を保つために姿勢を修正する場合に、浅く座ることもあります。車いすに浅く座るように姿勢を修正する場合は、次の手順で行います。

①車いすに駐車用ブレーキをかけます。
②ガイドヘルパーは車いすの前に座り、片方の手を利用者の腰に、もう片方の手を利用者のひざ裏に添えて手前に引きます。

ガイドヘルパーが2人で行う場合は1人が車いすの前に座り、利用者の両足を持ち、もう1人は車いすの後ろに立ち、利用者の両側のわきの下から腕を通して利用者の前腕を握ってタイミングを合わせ、利用者の身体を動かします。

(3) 足が震えている場合

障害によってはフットサポートに乗せた足がガタガタと震えてしまう人がいます。震えとともに姿勢がくずれた場合、次の方法で足の震えを止め、姿勢を安定させましょう。

①フットサポートに乗っている足のひざを上から両手でゆっくりと押さえて待ちます。震えが止まったら、ゆっくりと手を離しましょう。
②フットサポートに乗っている足のひざ裏に手を添え、もう一方の手でひざのすぐ下を持って、少し持ち上げて待ちます。震えが止まったら、ゆっくりとひざを下ろします。必要に応じて深く座ってもらいましょう。

COLUMN

◆車いすのまめ知識

車いすはいつからあるの？

　病となったスペイン国王のフィリップⅡ世が小さな車輪の付いたいすに座っている記録（1595年）が残っています。これが「介助用の車いす」のはじまりと言われています。それから約半世紀後の1650年には、初めての「自操式」の車いすが作られました。現在よくある前輪が小さく、後輪が大きいタイプのものとは異なり、豪華な1人掛けソファのようないすに大きな前輪（後輪は小さい）が付いているものです。

　最初の動力付車いすは、1912年イギリスにおいて作られたエンジンを取り付けた三輪型のものです。

　国内では、1921（大正10）年頃、アメリカから輸入した車いすを見本として製作した「廻輪自動車」が最初であるとされています。

年間に、どのくらいの数の車いすが作られているの？

　経済産業省生産動態統計（2020年度）の調査によれば、手動車いすの生産台数は約7.2万台、電動車いすは約1.5万台です。

　ちなみに、日本自動車工業会による福祉車両の販売台数は4.2万台（2019年度）となっています。

Ⅴ 移動介助の実践

　屋外の移動介助では、環境の変化や障害者の健康状態等いろいろな変化があり、ガイドヘルパーの援助のあり方や心得もそれだけ多様性を帯びてきます。ここではそうした状況の変化のなかで介助を行う際に遭遇する実際の場面をとりあげて、その具体的な介助法について紹介していきます。

§1 道路での移動介助の心得

A 舗装された道路

　舗装道路では、スムーズ・容易に車いすの移動が行われそうですが、平坦に見えても、舗装道路は傾斜や小さな凹凸が多く、また雨水を流すために道路の端が低くなった「かまぼこ型」になっています。そのため、油断していると車いすの転倒などの事故を起こしかねません。ガイドヘルパーは、慎重に移動介助を進めていくとともに、常に利用者の心身の状態に気を配り、利用者のニーズに沿って援助するように心がけることが大切です。

(1) 動作のたびに声かけを

　車いすの操作時は、「動きます」「前に進みます」「右に曲がります」といった動作説明を必ず行います。不意に動き出したり、方向を変えたりすると、利用者が動揺し、不安や緊張から事故につながるおそれも出てきます。ガイドヘルパーは、常に利用者の同意を得て、介助をすることが基本となります。

(2) グリップを柔軟かつ適切に握る

　移動介助に慣れないうちは、必要以上に力が入り、グリップを強く握りしめてしまいがちです。しかし、長時間の介助の場合もあるので、体力の温存のため、グリップは柔軟かつ適切に握り、離さないようにしましょう。

　また、事故防止のため、駐車用ブレーキをかけていない車いすのグリップから、両手を離すことは避けましょう。平坦に見えても何かの拍子に車いすが勝

手に動き出してしまうこともありえます。グリップから手を離すときは、安定した場所で片手のみを離すか、必ず駐車用ブレーキをかけるようにします。

(3) ゆっくり歩く程度の速さで

車いすの速度は、少しゆっくり歩く程度の速さで押していきます。速度の設定は、つねに利用者に同意・確認を得てください。また、路面の状態によって車いすが揺れるときは、利用者の心身への影響を考えて、少し速度を落としましょう。

(4) 路面の状態の把握

たいていの道路は、「かまぼこ型」で、中心部が盛り上がり、端に向かってゆるやかな傾斜がついています。これは、道路の水はけをよくするためですが、その影響から車いすが道路の端に流れて車体が傾いてしまい、転倒等の事故につながる場合があります。ガイドヘルパーは、傾斜の下側（道路の端側）に体幹が傾いたり、ずれたりしないように利用者の肩のあたりを支えるようにします（図7-75）。心もち、傾斜の

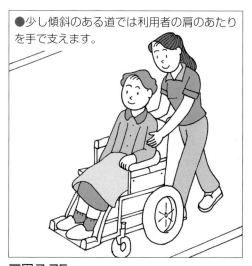

●少し傾斜のある道では利用者の肩のあたりを手で支えます。

■図7-75

上方に車いすを押し上げるようにして流されないようにしましょう。

(5) 利用者の身体機能と移動環境の把握

障害の程度によって差はありますが、足に力が入らない障害者の場合には、わずかな傾斜や揺れによって車いすから前方に投げ出されてしまうおそれがあります。足に力が入らない状態とは正座して車いすに座るようなもので、踏ん張りがきかない状態です。ガイドヘルパーは、こうした利用者の身体機能と周囲の環境を把握し、適切な判断のもとに介助していくことが求められます。

(6) 傾斜のある道路での移動

傾斜のついた道路端を移動しなければならないときは、利用者の体幹は徐々に傾いていきます。このような場合、ガイドヘルパーは傾斜の下側の手をグリッ

プから離し、利用者の肩のあたりに添えて身体を支えるようにして移動します。必要に応じて座位姿勢の修正を行いましょう。

B 舗装されていない道路

砂利道や土の道など舗装されていない道路を通過するときは、キャスタが地面にめりこんだり、キャスタの軸に小さな石が挟まったりして、車いすの故障や転倒事故を招くこともあります。こうしたトラブルを防ぐには、キャスタを持ち上げた状態で進むと、車いすの揺れを多少は抑えることができ、故障も回避できます。この方法は、石畳やレンガを敷きつめた凸凹のある道などでも使用することができます。

勢いよく一気にティッピングレバーを踏み込んでグリップを押し下げると、車いすが後ろに倒れてしまう危険があります。

車いすのキャスタを持ち上げた状態で進む方法は、次の手順で行います。

(1) 動作開始前、進行の声かけ

まず「キャスタを上げます」などと利用者に声かけをします。キャスタを上げると利用者の身体は後ろに傾くため、恐怖感を与えないように、動作の開始前には必ず声かけを行います。

(2) ガイドヘルパーは慌てずにグリップを

ガイドヘルパーはグリップをしっかり握って、慌てずにキャスタを上げましょう。身体を動かすことが可能な利用者のときは、体重を後ろにかけてもらうと楽にキャスタを上げることができます。

●キャスタを上げたまま、車いすができるだけ揺れないように押していきます。

■図7-76

(3) 車いすの重さが軽くなるバランス

キャスタを上げたままバランスを保つことができる角度まで車いすを傾け、移動します（図7-76）。ある程度の高さまでキャスタを上げると、手にかかる車いすの重さが軽くなるところがあります。それはキャスタを上げたままの状

態で車いすのバランスがとれていることを示しています。ガイドヘルパーはこの状態を保ち、安定した移動を心がけることが必要です。

(4) 無理に通過せず、後ろ向き移動や他の経路の検討も

　車いすのなかには、後輪の軸を後ろにずらしたり、ティッピングレバーを地面方向に折り曲げてキャスタを上がりにくくし、車いすの後方への転倒を防ぐ構造になっているものがあります。この場合は、無理にキャスタを上げて通過せずに、後ろ向きで進むかほかの経路を検討してみましょう。

C 横断歩道を渡るとき

　道路の横断は、自動車や人との衝突を避けるという基本的な安全確保のほか、段差の昇降、路面の傾斜、交差点の信号等の対応もしなければならず、いろいろな注意が必要です。道路を横断する際の介助は、次の手順で行います。

①**安全を確認します**：信号機がある交差点では信号に従って安全確認を行い、信号機がない場合は自動車やバイクの有無を十分に確認します。

②**利用者の姿勢に注意します**：歩道には、横断歩道の前になると車道に向かってゆるやかに傾斜して歩道と車道の段差を小さくしているものがあります。その場合は、意図しない方向に車いすが流されるのを防ぎながら、ゆっくりと進みます。また、利用者の姿勢に注意し、傾いていたら低くなっているほうの利用者の肩のあたりを片手で支えて車いすからの転落を防ぎます。傾斜が急な場合には「下り坂での移動介助（147頁）」の要領で車いすを後ろ向きにして進みましょう。

③**車道に下りる際**：歩道から車道に下りると、今度は道路の中心に向かってゆるやかな上りになるため、歩道と車道の境でキャスタが引っかかることがあります。ゆっくり下りて転倒を防ぎましょう。

④**道路を横断します**：通行人との衝突に注意しながら進みます。人が多い場合は「混雑した場所の通過（160頁）」での注意点に気をつけて移動しましょう。また、なるべく段差のない場所から歩道に上がることができるように、車いすの進行方向を修正しておくと、あとの動作がスムーズになります。

⑤**歩道に上がります**：車道から歩道へ上がる際にはできるだけ段差のないとこ

ろから上がるとよいでしょう。その場合、ティッピングレバーを踏んでグリップを押し下げ、キャスタを少しだけ上げて通過します。車いすが後ろに倒れないよう注意しましょう。

D 溝を越えるとき

排水溝にかぶせてある格子状のふた（グレーチング）や踏切などを渡る際には、キャスタが溝にはまり、車いすが前に倒れる危険があります。そのような事故を起こさないために、溝を越えるときの移動介助の方法を確認しておきましょう。

(1) 車いすが前向きの状態で溝を越えるとき（図7-77）

車いすが前向きの状態で溝を越える移動介助は、次の手順で行います。

①事前の声かけ：「キャスタを上げます」「溝を越えるのでキャスタを上げます」などと利用者に対して声かけを行います。

②溝に対して直角：キャスタは小さいので、溝にはまって車いすの転倒を招くおそれがあります。溝を通過する際は、階段の段差を上がるのと同じ要領でキャスタを上げ溝に直角に進みます。そして後輪が溝の手前に来るまで進み、キャスタをゆっくりと下ろします。

③溝を通過します：後輪を浮かし気味にして溝を通過。後輪を浮かすのは、溝を通過するときの揺れを少なくするためです。自分の身体を支えることが困難な利用者の場合は、車いすの揺れによって転落したりケガをする危険性があります。

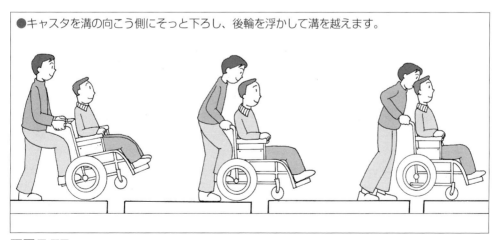

●キャスタを溝の向こう側にそっと下ろし、後輪を浮かして溝を越えます。

■図7-77

④後輪が浮かないとき：後輪を浮かせるには、かなりの重量を持ち上げることになります。無理に車いすを持ち上げようとすると、前方に傾いて利用者を危険にさらすばかりか、ガイドヘルパー自身が腰を痛めることも考えられます。後輪を浮かせることが無理ならば、ゆっくりとグレーチング上を斜めに進むようにしましょう。

(2) 後ろ向きの状態で溝を越えるとき

　溝の大きさや場所によっては、車いすを後ろ向きにした状態で溝を越えることもあります。そのようなときの移動介助は、次の手順で行います。

①「溝を越えます」「このまま後ろ向きで進みます」などと利用者に声かけを行います。
②後輪が溝に対して直角になるように車いすの向きを修正し、揺れを少なくするため、後輪を少し浮かせるようにして通過します。後輪を浮かせることが困難な場合は、ゆっくりと進み揺れを少なくしましょう。
③後輪が溝を越えたらキャスタを上げ、溝の上を通過します。
④後輪を浮かし気味にして完全に溝の上を通過してからキャスタを下ろします。
⑤後ろのキャスタは静かに下ろし、利用者が衝撃を受けないように配慮します。

E 踏切の通過

　踏切の通過は、道路の横断以上に安全管理に注意が必要です。ガイドヘルパーは安全に踏切を通過する技術を学ぶことに加え、万が一に備えて、踏切内に取り残されてしまった場合の対処法も確認しておきましょう。踏切を通過する際の移動介助は、次の点に注意します。

(1) 踏切での安全を確認

　複数の路線が重複する幅の広い踏切では、電車が通過したあとすぐに違う電車の通過警報が鳴り出すこともあります。ガイドヘルパーは警報をよく聞き、落ち着いて踏切に入りましょう。

(2) 溝を越える方法（157頁）を使って通過

　踏切内は凹凸が多いので、速度を無理に上げて車いすに大きな衝撃を与えないように注意しましょう。

V 移動介助の実践

COLUMN

◆踏切を渡りきれなかったときの対処

踏切を渡りきることができなかった場合は、以下のような対処をします。

①遮断かんを手で押さえる：踏切の遮断かん（踏切を閉じる竿）を手で押さえ、車いすが通過するスペースを確保（この方法は車いすを単独で動かせる利用者にのみ使用）します。踏切を左右2本の遮断かんで閉じるタイプの場合は、あとから下りてくるほうを押さえましょう。

●キャスタが溝にはまったなど緊急の場合は、通行人に協力してもらいましょう。また、時間に余裕のないときは電車が通過しないほうの線路側に移動し、安全確保を優先します。

■図7-78

②通行人に協力をしてもらう：周囲に人がいる場合は、助けを求めることも必要です。1人で対処することに固執せず、通行人に声をかけて遮断かんを押さえてもらいましょう。その間に、ガイドヘルパーは車いすを押して踏切を通過します。

③通過しないほうの線路側へ移動：踏切を渡りきる時間の余裕がないときは、電車が通過しないほうの線路側に移動することも考えましょう。たとえ後戻りする方向であっても、ためらわずに戻り、安全確保を優先します。

④電車の通過を待つ：踏切の外に出ることが不可能な場合、電車が通らないスペースがあれば、そこで電車の通過を待ちます。電車が通過する際は風圧で車両に引き寄せられることが考えられますので、何かにつかまり姿勢を低くし待機しましょう。

⑤非常ボタンを押す：踏切には、非常事態を知らせるボタンがあります。

> レールにキャスタがはまってしまったり、利用者が転倒または転落して移動が不可能な場合は、ためらわずに非常ボタンを押しましょう。

F 混雑した場所・狭い通路の通過

　混雑した場所や狭い通路を通過するときは、衝突や転倒などの事故がないように気を配る必要があります。混雑した場所や狭い通路を通過する際の移動介助は、次の点に注意します。

(1) 利用者の姿勢を保持・修正します

　車いすから利用者のひじがとび出していると、すれ違う人と接触したり突き出した店の看板などに当たってしまうことがあります。ひじが出ていることを利用者に伝えます。足の位置も同様に、フットサポートからはみ出して落ちそうになっている場合は直しましょう。

(2) 通過スペースの確認をします

　車いすにもよりますが、通常は80cmの幅があれば通行が可能です（図7-79）。通路が狭くて通ることができない場合は、ほかの経路を検討しましょう。無理に通過しようとすると、通路の壁と車いすが接触したり衝突して利用者の心身に負担を与えてしまいます。

(3) 急な方向転換や停止は禁物です

　歩行者や障害物が直前に来てから急に車いすの方向を変えたり停止すると、利用者がバランスを崩したり、車いすがほかの障害物にぶつかる危険性があります。直前（急な）の方向転換や停止は禁物です。車いすを押す速度を調整し、周囲の歩行者や障害物とできるだけ距離をとるようにしましょう。なお、障害物の除去（歩道をふさぐ放置自転車など）などで、ガイドヘルパーが車いすから離れるときは、後方を確認してから車いすを停止させ、必ず駐車用ブレーキ

●80cmの幅があれば通行が可能。

■図7-79

をかけます。

(4) 周囲の人に声をかけて協力をしてもらいます

　車いすの接近に気づかない人がいれば声をかけ、通過できるスペースの確保に協力してもらいます。車いすの移動介助では、周囲の人に協力を求めることが必要な場面が多々あります。ガイドヘルパーは1人で何でもやろうと気を張らずに周囲の人に声をかけ、利用者が安全に移動できる方法をとるように心がけましょう。

(5) 後方からの人の流れが速いとき

　速いペースで歩行している人に合わせて車いすの速度を上げるのではなく、追い抜いてもらったほうが安全です。速度を上げると、路面のわずかな凹凸や障害物との少しの接触も大きな衝撃となってしまいます。

§2 階段の昇降

　車いすで階段の昇降をするのは、利用者にとって不安が大きいだけでなく、ガイドヘルパーにとっても負担をともなう動作です。利用者の意向を確認し、階段の昇降を躊躇する場合はほかの移動手段を検討します。

A 階段を上がるときの介助

(1) 階段の介助の基本知識

①ガイドヘルパーは、施設の職員や駅員等に移動手段を問い合わせ、利用者が望む移動手段を考えましょう。表向きはエスカレーターやエレベーターがない場所であっても、業務用のエレベーターが設置されている場合もあります。
②階段を使う場合は、階段の前で車いすを前向きに停止、階段昇降の移動介助中に駆動輪が回ると、車いすのバランスを崩してしまうおそれがありますので、必ず駐車用ブレーキをかけます。
③階段を上る際は、原則として、車いすは前向きの状態で移動し、利用者の身体が前に傾いて車いすから転落することを防ぎます。

また、ガイドヘルパーよりも利用者のほうが車いすの構造について詳しい場合も少なくありません。利用者からの指示があれば、ガイドヘルパーもそれに従いましょう。

④ガイドヘルパーと協力者が車いすをつかみ、持ち上げる準備をします。どの部分をつかんで持ち上げるのか、協力者は車いすの構造も介助方法も知らないのが当然ですから、ガイドヘルパーは丁寧に説明します。

⑤車いすを持ち上げるときは、取り外しができない部分を持ちます。ガイドヘルパーは、それぞれがしっかりと車いすをつかんだことを確認します。階段の傾斜や歩きやすさを考えると、腰程度の高さまで持ち上げる必要があるでしょう。

⑥ガイドヘルパーがリーダーとなり、「持ち上げます。いち、にの、さん」と声をかけ、車いすを水平に持ち上げます。タイミングがずれると、車いすが傾いて利用者がバランスを崩したり、持ち上げている人の誰かに大きな負担がかかってしまうため、慎重に対処します。

⑦階段の昇降中も、車いすはできるだけ水平（やや後方に傾いた状態）になるように注意します。協力者の身長差が著しい場合はほかの人と交代してもらうか、背の高い人にひざを曲げてもらうようにしましょう。車いすを前傾させたたまま移動することは、利用者の転落事故を招く危険があるので避けましょう。

車いすを持つ位置は、左右のフット・レッグサポートフレームとアームサポートフレームもしくはその近くのベースフレー

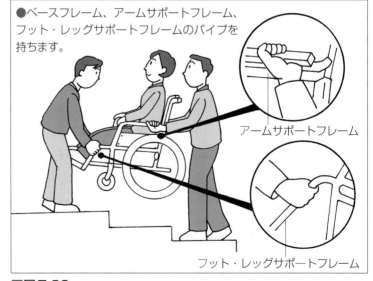

■図7-80

ムなど取り外せない部分です(図7-80)。

⑧1段ずつ確認し、ガイドヘルパーと協力者が歩調を合わせて階段を上がります。階段を上がるときは、前方が高くなるので、車いすはキャスタを上げているときのようにやや後方に傾いた状態になります。この状態を保つことで、車いすの利用者が前方へ転落する危険がなくなり、安定します。

⑨途中で休憩するときは、「踊り場で一度車いすを下ろします」とガイドヘルパーが声をかけます。踊り場ではなく、階段の途中でも協力者のなかに限界を訴える人がいたら車いすをその場に下ろします。そのときはガイドヘルパーが声をかけ、キャスタと後輪が段の踏み面にしっかり乗っている状態を保ちます。車いすは移動しているときと同じように後ろに傾いている状態です。

⑩車いすを静かに下ろすのは、階段を上り終えて2mほど進んだところです。

上り終えてすぐ車いすを下ろすと、周囲の人の通行を妨げたり車いすが押されたりすることがあり、これを防ぐためです。

COLUMN

◆車いすの重さは約15kg前後、利用者の体重が加わると総重量は65kg以上

　階段での転落は大きな事故につながります。車いすを持ち上げるときは、ガイドヘルパー、協力者ともに腰を曲げるのではなく、ひざを曲げて腰を落としましょう。腰だけを曲げて車いすを持ち上げようとすると、腰を痛めてしまいます。

　車いすの種類にもよりますが、手動の車いすは約15kg前後の重量があり、それに利用者の体重が加わると、総重量は65kg以上になると考えられます。また、電動車いすは70kg程の重さで、利用者を含めると総重量が100kg以上になります。

　ガイドヘルパー、協力者ともに無理をすることがないように、必要な人数を確保するようにしましょう。

第7章　移動介助にかかわる技術

(2) ゆるやかな階段を上がる場合（図7-81〜84）

①3人の介助者で車いすを持ち上げ、階段を上がるときは、車いすの前方に2人、後方に1人の介助者がつき、車いすを進行方向に向けて上がるのが原則ですが、階段の幅が広く傾斜がゆるやかな場合には、利用者を後ろ向きの状態にして1人の介助で上がることがあります。この場合は、後輪を回転させながら階段を上がるので、駐車用ブレーキはかけません。これは非常に傾斜がゆるやかで、利用者に不安感がない場合の介助方法です。

②3人の介助者で傾斜のゆるやかな階段を進行方向の逆を向いて上がるときは

●主介助者はできるだけ身体を密着させます。

■図7-81

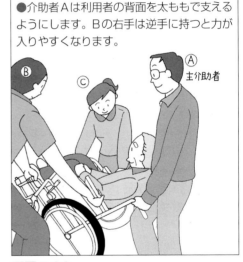

●介助者Aは利用者の背面を太ももで支えるようにします。Bの右手は逆手に持つと力が入りやすくなります。

■図7-82

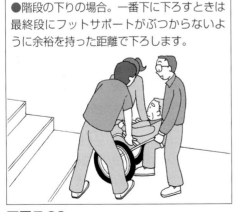

●階段の下りの場合。一番下に下ろすときは最終段にフットサポートがぶつからないように余裕を持った距離で下ろします。

■図7-83

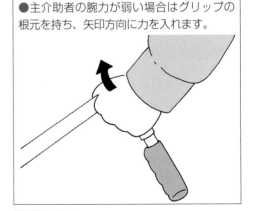

●主介助者の腕力が弱い場合はグリップの根元を持ち、矢印方向に力を入れます。

■図7-84

車いすの前に2人が並んで立ち、利用者が前に倒れ込むことを防ぎます。もう1人はグリップまたはバックサポートなどの取り外しができない部分を持ちます。グリップを持っている介助者は後ろ向きに階段を上がることになるので、足元に注意し、転ばないようにしましょう。

③階段を上がる方法としては、駆動輪を段の角に沿うように回転させながら、グリップを持っている介助者が車いすを1段ずつゆっくりと引き上げていきます。残りの2人の介助者はキャスタを持ち上げたときのように車いすがやや後方に傾いた状態を保ち、利用者の身体が前に傾くことがないように注意します。

また、車いすへの衝撃が少なくなるように、グリップを持っている介助者はゆっくりと静かに車いすを引き上げ、残りの2人の介助者はグリップを持った介助者が車いすを引き上げやすいようにタイミングを合わせて移動します。

④介助者が2人の場合は、3人で介助するときと同様に駐車用ブレーキはかけず、1人が車いすのグリップを持ち、もう1人が車いすの前に利用者と向かい合って立ち、左右のフット・レッグサポートフレームを持ちます。

車いすを後ろ向きにし、グリップを持った介助者が駆動輪を段の角に沿うように回転させながら1段ずつゆっくりと車いすを引き上げます。もう1人の介助者は車いすが後ろに傾いた状態を保ち、グリップを持っている介助者が車いすを引き上げやすいようにタイミングを合わせて移動します。

(3) 4人の介助者で階段を上がる場合

通常は3人ないし2人の介助が多いのですが、女性だけで階段の移動を行う際には周囲の人に協力してもらい、4人で介助を行う場合があります。その場合は、前方の2人がフット・レッグサポートフレーム、後方の2人がティッピングレバーを持ちます（図7-85）。

●女性だけで階段の移動を行うときは4人で介助する方法もあります。

■図7-85

B 階段を下りるときの介助

(1) 階段を下りるときの移動介助の方法

階段を下りるときの移動介助の方法は、必要な人数や車いすを持つ位置、声かけなどは、階段を上るときの移動介助の場合と変わりありません。同様の方法で行いますが、車いすの向きが逆になります。利用者の転落を防止するため、車いすがバックサポート側に傾いた状態で階段を下りるので、車いすは進行方向に対して後ろ向きになります。

階段を上がるときも下りるときも、利用者は常に階段の上方を向いていることが原則であると覚えておきましょう。階段を下りる際の移動介助は、次の手順で行います。

(2) 介助者が3人または2人の場合

①車いすで階段を下りる移動介助を3人または2人で行うときは、車いすを進行方向に対して後ろ向き（利用者が階段の上方を向いている状態）にし、介助者の1人が車いすのグリップまたはバックサポートなど取り外しができない部分を持ち、駆動輪が段の角に沿うように回転させながら1段ずつ静かに下ろします。

②残りの2人または1人の介助者は利用者と向き合う位置につき、フット・レッグサポートフレームとアームサポートフレームなどをつかみ、グリップを持っている介助者のタイミングに合わせて移動します。また、グリップを持っている介助者は、後ろ向きに階段を下りることになるので、転倒しないように足元に注意して慎重に階段を下りるようにしましょう。

C 利用者が車いすを降りて階段の昇降を行う場合

階段の昇降方法は、車いすに利用者を乗せたまま移動するものばかりではありません。歩行介助をすることで、階段の昇降が可能な場合には、介助者たちが協力して利用者を支え、移動する方法などもあります。

たとえば、電動車いすは利用者を乗せていない状態でも大変重いので、車いすの貸し出しを行っている施設内（空港やホテル、美術館）では手動の車いすを借りることを検討します。また、階段の上と下に1台ずつ車いすを借りて、

Ⅴ　移動介助の実践

介助者数人で利用者を背負って階段を昇降し、車いすを乗り換える方法もあります。

移動介助を行う際は、車いすごと利用者を持ち上げて階段を昇降する方法に固執せず、さまざまな方法を検討することが大切です。

D 階段昇降機の利用

エレベーターやエスカレーターといった設備がない場所では、車いす用の階段昇降機を備えている場合があります。車いす用の階段昇降機には、車いすを乗せて移動できるかご式のものやキャタピラの付いた台に車いすを乗せて階段を昇降するものがあります。

駅などには階段昇降機が設置されていることが多いですが、駅員がいなければ使用できず、普段は収納されているので使用できる状態に準備するまで時間がかかります。階段昇降機を利用したい場合には、事前に駅などに連絡しておくと時間を短縮することができます。

ただし、階段昇降機は機種ごとに積載荷重や積載可能な車いすの寸法などが異なり、車いすによっては使用することができない場合もあります。

主な階段昇降機の特徴を次にあげます。事前に確認しておきましょう。

●エスカル

エスカルは、階段の側面に設置されたレールに沿って車いすを乗せたかごが階段を昇降するタイプの階段昇降機です。移動の際の振動は少なく、係員がそばについて操作するので安全性は高いといえますが、使用できる状態に準備するまでに時間がかかります。

●チェアメイト

チェアメイトは、キャタピラの付いた台に車いすを固定して階段を昇降するタイプの階段昇降機です。これは、介助者1人で対応することができますが、移動の際の振動音が大きく、利用者にストレスがかかるのが難点です。

§3 エレベーター・エスカレーターでの移動

A エレベーターを使って移動するとき

　エレベーターの利用は、垂直方向への安全な移動方法であると同時にガイドヘルパーの負担軽減において有効です。エレベーターの扉を通過する際には、溝の通過や扉の開閉、混雑しているときの対応などの注意すべき点をしっかり押さえ、より安全にエレベーターを活用できるようにしましょう。エレベーターを利用する際の移動介助は、次の手順で行います。

(1) エレベーターには後ろ向きに乗り込みます

　「エレベーターに乗ります」などと利用者に声かけを行います。エレベーターには後ろ向きに乗り込みます（図7-86）。後ろ向きに乗るのは扉の溝にキャスタがはまらないようにするためです。また、溝に対しては直角に、まっすぐ進みます。斜めに車いすを進めると、キャスタが横を向いてしまい、扉の溝にはまることがあります。

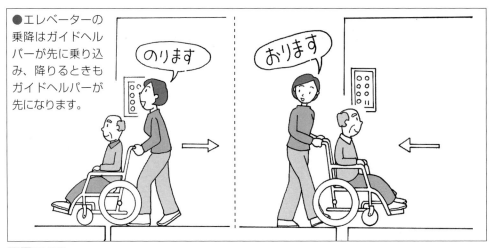

■図7-86

(2) 扉が開いたあとで後方の安全を確認

　エレベーターに乗るとき、ガイドヘルパーは後方の安全を確認しましょう。下りてくる人や扉の付近に立っている人などと衝突しないように、車いすを引

きながら乗り込みます。

(3) 車いすに駐車用ブレーキをかけます

エレベーター内では車いすに駐車用ブレーキをかけます。エレベーターの揺れによって車いすが動き、利用者がバランスを崩すことがないようにするためです。また、移動した車いすがほかの同乗者に衝突してケガをさせてしまうことを防ぐ意味もあります。

(4) エレベーターの隅に移動します

ガイドヘルパーはフットサポートの位置や利用者の手の位置を確認し、エレベーター内が混雑している場合は、エレベーターの隅に移動します。扉の近くに車いすを停止させると、扉が閉まるときにフットサポートがぶつかる危険があります。また、自走が可能な利用者はハンドリムに手を置く傾向があり、隣の人や壁との間に挟まれてしまうことがありますから注意しましょう。

(5) 混雑してきたら車いすを横に移動させます

途中からエレベーター内が混雑してきた場合は、車いすを移動させなければなりません。このようなときは、車いすの駐車用ブレーキはかけたままの状態で駆動輪を少し持ち上げるようにして車いすを横（壁際など）に移動させます。駆動輪は大きく持ち上げるとガイドヘルパーの負担が大きい上に前方に車いすが傾いて利用者が転落する危険があるので注意しましょう。

(6) 車いすは後ろ向きの状態で降ります

エレベーターから降りるときは、後ろ向きの状態で降りるのが原則です（図7-86）。

したがってエレベーターが停止、昇降している間に、車いすの向きを扉に背を向ける形に変えることが理想です。

しかし、エレベーター内で向きを変えられない場合もありますから、ガイドヘルパーはエレベーター内の状況に応じて柔軟に対処しなければなりません。

ガイドヘルパーは後方の安全を確認し、車いすを後ろ向きの状態にして降りますが、乗り込むときと同じく、扉の溝に車いすのキャスタが溝に落ちることがないように注意しましょう。また、周囲の人と車いすが衝突しないようにスペースに気を配り、後方を確認して扉が十分開いてからエレベーターを降ります。

> **COLUMN**
>
> ◆**エレベーターでの介助で求められること**
>
> 　近年は、扉の溝が狭く、キャスタがはまる危険の少ないエレベーターや入り口と出口が異なるエレベーターが増えています。
> 　エレベーターを待つときやエレベーター内での向きについて利用者と話し合ってみることも大切です。また、ノーマライゼーションの理念と利用者の意向をふまえ、エレベーターの広さや扉の開閉の速さなどに合わせた柔軟な介助がガイドヘルパーには求められます。

B エスカレーターを使って移動するとき

　エスカレーターも階段に比べて安全かつ効率的に上方に移動できる手段の1つですが、エレベーターがある場合はより安全に移動できるエレベーターを利用しましょう。エスカレーターのなかには、上下の進行方向の変換可能なものなどもあります。施設の係員にエスカレーターの進行方向を変えることができるか問い合わせてみましょう。ガイドヘルパーは、外出前に利用する施設等の設備について調べておくとよいでしょう。

(1) 車いす対応型エスカレーターを利用するとき（図7-87、88）

　車いす対応型エスカレーターは、施設係員（駅員など）の操作により、ステップが3段分ほど平らな状態のまま動くエスカレーターです。現在、設置を進めている駅などが増えています。利用する際は係員に申し出なければなりませんが、平らなステップに車いすを乗せるので、通常のエスカレーターを利用するよりも安全性が高く、ガイドヘルパーの負担も軽減されるという利点があります。

　車いす対応型エスカレーターを利用する際は、車いすの移動介助方法を習得している施設係員がすべての移動介助を行う場合があります。その場合は係員の指示に従ってエスカレーターの乗降をします。なお、移動介助は、次の手順で行います。

①利用者の意思確認と声かけ：利用者にエスカレーター使用の意思確認をし、施設係員に依頼をします。車いすを前向きの状態で停止させ、利用者に「乗りましょう」などと声かけをし、平らになったステップに車いすを乗せます。床とステップにわずかな段差があります。ゆっくりと移動するか、少しキャスタを浮かせるなどして、車いすがつまずいたり大きく揺れたりすることがないように注意しましょう。

②確実に駐車用ブレーキをかけます：係員が乗り降りの際にエスカレーターを止めてくれます。動いているエスカレーターに乗るときは駐車用ブレーキをかけてはいけませ

■図7-87

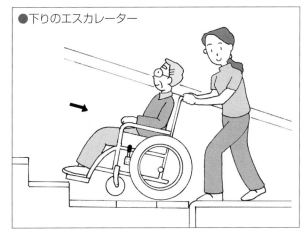
■図7-88

んが、係員がエスカレーターを止めてくれる場合は確実に駐車用ブレーキをかけましょう。また、車いす対応型エスカレーターでは平らになったステップの端にツメがしっかり固定されているかなど、動かないことの確認も必要です。

③ガイドヘルパーは下方に：階段を下りる場合と同様、利用者がエスカレーターを使って下りる場合、利用者が上方を向くことが原則です。下りのエスカレーターに乗るときは、車いすがバランスを崩した場合に備え、下方にガイドヘルパーが位置します。

　利用者が進行方向を向いて下りエスカレーターを使用する場合は、ガイドヘ

ルパーが下方に移動し、利用者と向き合う位置に立って車いすに手を添えます。車いすに手を添えるのはフット・レッグサポートフレームなど取り外しができない固定された部分です（上りの場合はガイドヘルパーの移動はなく、車いすの後ろでグリップを握った状態で上ります）。

④**スタート時とストップ時にも声かけを**：利用者に「エスカレーターが動きます」などと声をかけ、エスカレーターを動かしてもらいます。動きはじめに利用者が身体のバランスを崩すおそれがあるので、ガイドヘルパーは必ず声をかけ、転落に備えます。到着時は、利用者に「エスカレーターが止まります」などと声をかけ、完全にエスカレーターが停止したあとにブレーキを解除します。

⑤**エスカレーターを降ります**：エスカレーターから降りるときは、ステップと床の段差を越えるために、少しキャスタを浮かして通過します。

（2）通常のエスカレーターを利用するとき

　通常のエスカレーターを使用するときは、施設係員に申し出る必要がなく、ガイドヘルパーが移動介助を行うことができます。車いすが大きく傾いた状態で移動することになるので、しっかりと車いすを支え、安全確保を心がけます。また、通常のエスカレーターを利用するときは駐車用ブレーキはかけません。

　エスカレーターには1人分の幅しかないものや片側を空けて乗る場合があります。このようなときは、利用者の手がエスカレーターの側面と車いすの間に挟まれたり、横を通過した人と利用者の身体がぶつかって利用者が身体のバランスを崩すといった事故の危険があります。さらに、利用者の足がフットサポートから極端にとび出していると、エスカレーターのステップにぶつかって危険です。こうした危険を防ぐため、エスカレーターを使用する前にガイドヘルパーは利用者の手の位置や足の位置を直し、とび出している部分がないようにしましょう。

　通常のエスカレーターを使用する際の移動介助は、次の手順で行います。

●**上りのエスカレーター**

①**利用者に確認**：エスカレーター使用の意向を利用者に確認します。

②**車いすは前向きで進みます**：上りのエスカレーターでは車いすは前向きのまま乗ることによって、車いすが後ろに傾き、利用者が車いすの前方へ転落する

事故を防ぐことができます。乗る直前に停止する必要はありません。ステップと床の段差によって車いすが大きく揺れないようにゆっくりと進みましょう。

③ステップにしっかり乗せます：エスカレーターのステップが階段状になったら、車いすのキャスタが駆動輪より1段上に乗っている状態で段差の側面に車いすを押しつけるようにします。エスカレーターに乗り込み、ステップが平らな状態から階段状になる前に車いすの位置を確認し、キャスタや駆動輪をステップにしっかり乗せます。また、ステップが平らな状態で前に進みすぎていると階段状になりはじめたとき、フットサポートがぶつかってしまうので注意します。

④車いすが下方に転落しないように：ガイドヘルパーは足を前後に開き（左右の足を段違いにステップに乗せて）姿勢を安定させ、体重を車いすにかけるようにして、車いすが下方に転落しないようにしっかりとグリップを握りましょう。ステップが完全に階段状になると、車いすが後ろに傾きます。

⑤キャスタを浮かせ段差を越えます：エスカレーターのステップが平らになったら、通常の姿勢に戻ります。通常の姿勢に戻るときは車いすをステップの側面に押しつけた状態ではなく、力を抜きます。キャスタを浮かせてステップと床の段差を越え、エスカレーターを降ります。エスカレーターから降りるときは、ステップと床の段差につまずかないようにキャスタを少し浮かせ、止まらずに進みます。

●下りのエスカレーター

通常のエスカレーターを使用する際の下りの移動介助は、次の手順で行います。

①利用者にエスカレーター使用の意向を確認します。

②車いすを後ろ向きにします。

③下りのエスカレーターを使用する際は、車いすを後ろ向きにして乗り込みます。ガイドヘルパーも後ろ向きに進むことになります。ガイドヘルパーは自分の足元を確認し、止まらずにゆっくりと乗り込みましょう。後ろ向きだからと怖がって急に停止すると利用者がバランスを崩したり、後方から来た人と車いすが衝突するおそれがあるので危険です。

④エスカレーターのステップが階段状になったら、キャスタが駆動輪より1段

上に乗っている状態で段差の側面に車いすを押しつけるようにします。上りエスカレーターと同様にキャスタと駆動輪がステップに乗っていることを確認しましょう。

⑤ガイドヘルパーは足を前後に開き体重を車いすにかけるようにして、車いすの重さに押し込まれないように支えます。エスカレーターのステップが平らになったら、通常の姿勢に戻ります。

⑥エスカレーターを降ります。ガイドヘルパーは自分の足もとを確認し、ためらわずにタイミングよくエスカレーターから降ります。エスカレーターから降りる際は、上りエスカレーターと同様にキャスタを少し浮かせて通過するとステップと床の段差で大きく車いすが揺れることを防ぎ、スムーズに降りることができます。

§4 交通機関の利用

A バス

(1)「低床型ノンステップバス」と「低床型ワンステップバス」

　バスの乗降口にあるステップは狭くて傾斜の急なものが多く、わずか数段の昇降であっても通常の階段よりも危険がともないます。ガイドヘルパーは外出前に利用するバスの時刻表などをチェックし、「低床型ノンステップバス」または「低床型ワンステップバス」といわれるバスが走る時間を調べておくとよいでしょう。

「低床型ノンステップバス」とは、乗降口にステップがなく、車内の床の高さが30cm程度のバスのことです。乗降口と路面との高低差が少なく、運転手の操作により乗降口側の車体をさらに7cm程度下げることもでき、乗降口と路面との段差がかなり解消されました。低床型バスにはスロープやリフトも備わっており、介助者が車いすを持ち上げることなくバスに乗降することを可能にしています。

「低床型ワンステップバス」とは、車内の床の高さが路面から53cmになってお

り、乗降口にある1段のステップにスロープを渡すことで段差を解消し、車いすに乗ったままでの乗降を可能にしたバスです。

乗降の際は、バスの車高調整装置やスロープ、リフトの操作を乗務員が行います。ガイドヘルパーはスロープの通過には坂道を通過する方法（147頁）、リフトを利用する際にはハンディキャブを利用する方法と同じ要領で移動介助を行います。スロープと路面の間にあるわずかな段差で車いすが大きく揺れる可能性がある場合は、キャスタを少し浮かせて通過するとスムーズに乗降することができます。また、リフトを利用する際は車いすのブレーキをかけ忘れることがないよう注意しましょう。

このような「低床型バス」には、車体に「ノンステップバス」の文字や車いすマークが表示されています。

(2) 利用する際は身体障害者手帳を提示

バスの車内では、急停車や大きな揺れがいつ起こるか予測ができません。ガイドヘルパーは車内での利用者の姿勢が安全に保たれるように心がけましょう。バスの種類によっては、乗降口近くに車いす用のスペースをとってあるものがあります。車いす用のスペースがない場合は、進行方向に対して直角の向きに車いすを停止させてブレーキをかけると、バスの揺れによって車いすの前方に利用者が転落する危険を減らすことができます。

また、車いすから降りて座席に座ったほうが、利用者の身体への負担が軽減される場合もあります。乗車時間が長いときなどは、利用者に意思確認を行いましょう。低床型バスは、従来のバスでは車体の床下に設置されていた機材を車体後部に集中させることで、床を低くしています。そのため、低床型バスの床は、後部が高くなっています。

なお、バスを利用する際は、乗務員に身体障害者手帳を提示し、所定の運賃を支払います。

B タクシーの利用と障害者割引

タクシーの乗降は、自動車の乗降と同じ要領で行います。タクシー会社によっては、身体障害者の移乗介助に関する教習を運転手に対して行っているところ

もあります。状況に応じて、車いすを押さえていてもらったり、利用者の頭部を手で保護してもらうなどの援助を申し出てもよいでしょう。階段の昇降の際も同様ですが、ガイドヘルパーは1人ですべての介助を行うことに固執せず、利用者の安全を第一に考え、場合によっては周囲の人に協力を求めることも必要です。

タクシーを利用する際は、障害者割引が適用される場合があります。また、福祉タクシー利用券を所持している利用者もいますので、乗車の前に利用者に確認しておきましょう。

C 電車

(1) 電車に乗る前に多くのバリアがあります

電車を利用するときは、駅構内の経路の検討からはじまります。路上から駅構内に入るだけでも階段などの垂直方向への移動が必要な場合が多いうえに、券売機の利用、改札の通過、ホームへの移動をはじめ、駅では電車に乗る前に多くのバリアがあります。

上方への移動はエレベーターやエスカレーターの使用を優先し、それらが設置されていない駅では駅員や周囲の人の協力を要請します。事前に駅を利用する時間を連絡しておくと、駅員が階段昇降機や介助に必要な人員を用意し、待機していてくれる場合があります。また、車いす対応型エスカレーター（170～172頁）が設置されている駅では駅員に申し出ておけば、スムーズに利用することができます。駅の状況を把握したうえで、利用者に使用の意思を確認しておきましょう。

また、切符を購入する際も利用者の意思を確認し、どこまで介助が必要か把握しておきます。介助が必要ない場合は見守りの援助となりますが、ガイドヘルパーが切符を購入する場合は、預かった金額、切符の代金、おつりを利用者とともに確認し、誤解がないように注意します。また、障害者割引を利用する際は、子ども料金の切符を購入し、有人改札を通過するときに身体障害者手帳を提示するか、発券窓口にて割引切符を購入します。なお、ICカードを利用する場合は、利用者、ガイドヘルパーそれぞれが自分のICカードを自動改札

機にタッチして乗車駅に入ります。降車駅で有人改札口の職員に身体障害者手帳とICカードを提示し運賃を精算します。

改札を通過する際は、利用者の手が壁にぶつかることがないように注意しながら有人改札を通過します。身体障害者手帳の提示が必要な場合は、事前に取り出しやすいところに用意しておきましょう。

改札からホームまでの移動に、階段の昇降やエスカレーター、エレベーターを使用する場合は、前述（168〜174頁）の手順で行います。

(2) ホームでは線路に対して平行に車いすを停止

ホーム上を移動する際は、障害物や人と接触しないように気をつけ、なるべくホームの中央を移動します。駅のホームは道路と同じように、中央がわずかに高く、端が低いかまぼこ型をしています。そのため、車いすがホームの端に流され線路に転落する危険があります。ガイドヘルパーは車いすをしっかりと支え、端に流されないように慎重に移動しなければいけません。ホームの端に車いすが流されそうな場合、端側のグリップを強く握り、押し上げるようにして車いすを移動させます。

電車の乗降口の正面に車いすを停止させていると電車を降りてくる人とぶつかってしまうので、横によけて待ちます。また、線路に対して平行に車いすを向けて停止させ、ホームの端に車いすが流されたり、車いすが傾いて利用者が線路に転落する事故を防ぎましょう。ラッシュ時などで混雑している時間帯の乗車は、なるべく避けましょう。やむを得ず混雑時に乗るときは、フットサポートを人に当てることがないように注意することはもちろん、周囲の人の手やカバンが利用者の顔などに当たらないように配慮することも必要です。電車に乗る人の列ができている場合は、駅員の誘導がない限りは最後に乗車したほうが追突される危険もなく安全です。ホームではドアの近くのスペースに車いすを停車するとよいでしょう。また、乗降時の焦りによる事故を防ぐために車掌の乗車している後部車両に乗ることで安全を確保する方法もあります（ワンマン運行電車の場合は、前方車両に乗りましょう）。

(3) 乗車の際の移動介助の手順

①周囲の人に声をかけます：周囲の人に「車いすの方が乗車しますので、前を

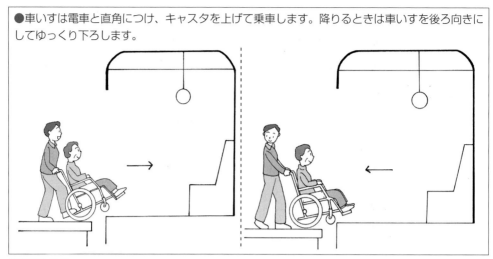

●車いすは電車と直角につけ、キャスタを上げて乗車します。降りるときは車いすを後ろ向きにしてゆっくり下ろします。

■図7-89

あけてください」などと声をかけます。周囲への声かけは利用者の心理にも配慮して行いましょう。車いすとガイドヘルパーが動作を止めることなく乗車できるだけのスペースを確保してもらうようにしましょう。

②**乗車口に対して車いすを直角に**：利用者に「電車に乗りましょう」などと声かけを行い、乗車口に対して車いすが直角に向くようにします（**図7-89**）。車いすが斜めを向いていると車輪がホームと電車の間に落ちてしまう危険性があるので、必ず乗車口に対して車いすが直角になるようにしましょう。原則として駅員の誘導により、簡易スロープ等を用いて乗車します。

③**（簡易スロープ等を用いない場合）キャスタを上げます**：車いすが進行方向を向いている状態で、キャスタを上げ、ホームと電車の間にキャスタが落ちないようにします。溝を越える場合（157〜158頁）や踏切を通過する場合（158頁）と同じ要領で、ティッピングレバーを踏んでグリップを押し下げ、キャスタを上げます。

④**キャスタを下ろします**：車いすがドアのレールを越え、電車の床の上に来るまで進んでからキャスタを下ろします。このとき、フットサポートが前方の人にぶつからないように注意しましょう。

⑤**車いすを押し上げるように**：後輪も電車とホームの間を通過させます。後輪を乗車口の角につけてゆっくりと回転させながら、グリップをしっかりと持ち、

車いすを押し上げるようにして通過します。

⑥混雑した電車の中の移動：エレベーターを利用する際の移動介助法（168～171頁）を応用して、グリップをしっかり持ち、後輪を少し持ち上げて横に移動すると、混雑した電車の中でもスペースを使わずに移動することができます。

⑦電車を降りる際の移動介助：周囲の人に「車いすの方が電車を降りるので、前をあけてください」などと声をかけます。また、利用者にも「電車を降りましょう」などと声かけを行います。

⑧電車を降りるときは後ろ向きに：乗降口に車いすを正対させ、後ろ向きになるようにします。電車を降りるときは後ろ向きに降ります（図7-89）。ガイドヘルパーも後ろ向きに進むことになるので、進行方向を振り返り、安全確認を十分に行って転倒しないように注意しましょう。

⑨後輪から通過させます：電車からの下車は、段差を昇降する場合と同じ要領で、キャスタを少し持ち上げ後輪を降車口に沿わせるようにしてゆっくりと下ろします。後輪がホームについたら、そのまま進み、車いす全体を電車から降ろします。乗車時と同様、原則として駅員の誘導により、簡易スロープ等を用いて降車します。

⑩十分に電車から離れてから：キャスタとフットサポートがホームの上に来たことを確認してからキャスタを下ろします。十分に電車から離れてから進行方向に車いすを向けましょう。

　電車とホームの段差については、段差が大きい、ホームがカーブしていて電車とホームの間隔が一定でない、電車とホームの間隔が広いなど、さまざまな条件があります。周囲の人たちに協力を求め、無理をしないようにしましょう。

　車いす用のスペースが確保されていない電車の中では、ドアの端に車いすを停止させるのが一般的です。その際、目的地の駅までのドアの開閉が少ないほうに停止させます。

D 飛行機

　飛行機を利用する際は、利用する航空会社に問い合わせしましょう。通常、航空会社ごとに車いす使用者に対する移動介助方法を学んでいるスタッフが待

機しています。空港内での車いすの貸し出しサービスや機内の車いす使用者用優先席を設置している会社もあります。

第8章

その他の介助

I 着替えの介助

　外出先では、天候の変化や利用者の体調によって車いすに座った状態で着脱介助が必要な場合があるので、あらかじめ、着脱しやすい衣服を選んでおくと介助の負担も軽減されます。
　ここでは、まひのある人に対する衣服の着脱介助の方法や外出時に適した衣服について見ていきます。

§1 外出に適した衣服

A 衣服を選ぶポイント

　外出の際には次のような衣服を選ぶことが適しています。
①肌ざわりがよく、肌を刺激しない：木綿、ウール、ネル、メリヤス等、肌を刺激しない素材でできた着心地のよいもの。
②軽く、身体の動きを妨げない：利用者の負担や持ち歩くことを考え、軽くて身体の動きを妨げないもの。
③湿性・保温性・通気性：外出時には、気温や動作量が関係し、ふだんよりも汗を多くかきやすくなります。汗をかいたままにしておくと不快なだけでなく、体温が奪われます。身体を冷やさないように、吸湿性に富んだ素材の衣服を選びます。また、ガイドヘルパーは利用者の体温調節に気を配り、寒い季節には

保温性に優れたもの、暑い季節には通気性が高いものを選びましょう。
④**洗濯しやすい**：衣服を汚してしまう場合もあるため、丈夫で何度も手軽に洗濯できる素材の衣服を選びます。
⑤**利用者自身が望む衣服**：外出を楽しんでもらえるように、利用者の気持ちや個性を尊重した衣服選びが大切です。
⑥**着脱しやすい衣服**：まひのある人の着脱には、ボタンや面ファスナー（マジックテープ等）、ファスナーによって前が開くタイプの衣服が適しています。

　手足に拘縮や痛みがある人には、袖や足の部分にマチがついた幅広のゆったりとしたものや、ファスナーをつけて開くもので、伸縮性のある素材の衣服を選ぶとよいでしょう。

B 外出時に携帯するとよい衣類

　外出先での天候の変化や利用者の体調の変化等に対応するために、レインコートやセーター、ひざ掛け、くつ下、手袋、マフラー、帽子などを必要に応じて用意します。これらを用意する場合も、利用者の意思に従うか、もしくはガイドヘルパーがアドバイスをして利用者に選んでもらうようにします。また、バスタオルを用意しておくと便利です。バスタオルはひざ掛けに使用することができるうえに、下着を取り替える場合に車いすのシートに敷いたり、着替えの際に利用者の身体を覆うことにも使用できます。なお、レインコートは、天候や季節に関係なく、つねに携帯すべきものです。

§2 衣服着脱介助の方法

A 上衣を着替える

　まひのある人が着替える場合は、まひのない健側から脱ぎ、まひ側（患側）から着ることが原則です（図8-1）。片まひがある人が上衣を脱ぐ際の介助は、まず、ボタンやファスナーを開け、患側袖を肩から少し下げて、健側の袖を全部脱ぎます。そのあとに、患側の袖を脱ぎます。

Ⅰ 着替えの介助

●まひのない健側から脱ぎ、まひ側から着ることが原則

上着を脱ぐ

■図8-1

　片まひがある人が上衣を着る際の介助は、まず、ボタンやファスナーを開けた衣服の袖に患側の手を通します。このとき、手首が通りにくいので、袖を縮めて先に手首まで袖全体を通します。その後、襟を持って肩まで衣服を引き上げるようにすると楽に袖を通すことができます（図8-2）。次に、衣服を後ろから健側に回し、健側の袖を通します（図8-3）。このとき、前身ごろを少し引き寄せるようにして、手と袖の位置を近づけるようにするとよいでしょう。ボタンを留めるときは、いちばん上を先に留めておくと、かけ違いを防ぐことができます。まひや拘縮の程度に左右で差があるときは、症状が軽いほうから脱いでもらいます。

●襟を持って肩まで衣服を引き上げるようにすると楽になり袖を通せます。

■図8-2

●衣服を後ろから健側に回します。

■図8-3

　片まひのある人がトレーナーのような前が開かないタイプの衣服を脱ぐ場合

は、上衣を胸までたくし上げ、健側のひじを曲げて先にひじまで脱いでから袖全体を脱ぎます。次に、健側から首を抜き、患側の袖を引き抜きます。着る場合には、先に患側の袖を通し、頭を通してから健側の袖を通します。

B 下衣を着替える

　片まひなど、片方の下肢に力が入る人がズボンを脱ぐ場合は、まず、手すりなどにつかまって立ち上がってもらいます。次に、ズボンを大腿部まで下ろします。再び腰かけ、健側のズボンを引き抜きます。患側の足を抜くときは、患側を健側の足の上にして組み、引き抜きます（着る場合は、患側を上にして足を組み、患側の足をズボンに通してから健側の足も通し、立位をとって腰の部分を引き上げます）。支えがあれば立位をとることができる場合は、ガイドヘルパーの肩に利用者のあごを乗せ、ガイドヘルパーの身体にもたれるような姿勢をとってもらいます。ガイドヘルパーは、利用者の脇腹から腕を回して両腕で利用者の身体を支えながら、ズボンを大腿部まで下ろします（着るときはズボンを腰まで上げます）。

　下肢に力が入らない人の場合は、2人で介助するか、車いすから少し臀部を浮かせて腰を左右交互に動かしながら大腿部までズボンを下げるようにします（バランスを崩すことがあるので見守りが必要です）。

Ⅱ　天気への対応

§1　気温の変化

A 利用者の立場を考慮した状況判断

　ガイドヘルパーは、外出前に天候をチェックし、その日の気温や降水確率を知っておく必要があります。

天候がよくない場合は、利用者に外出日の変更や移動手段の再検討（自動車を使うなど）を提案することも必要です。

出発時と帰宅時では気温に大きな差が生じる季節もあります。季節や外出する時間帯を考慮し、必要ならば上衣やマフラー、手袋などの防寒具や強い日差しを避けるための帽子や薄手の長袖シャツなどを携帯するようにしましょう。

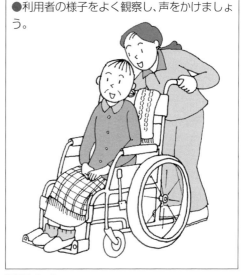

■図8-4

また、ガイドヘルパーが寒いか暑いかといったことを勝手に判断せずに、利用者の様子を観察し、「寒くないですか？　上衣を着ましょうか？」などと確認する必要があります（図8-4）。

このような配慮が必要な理由は、車いすに座った状態で移動する際、風を身体に受け続けることで利用者の体温が奪われている可能性が考えられるからです。

このほか、暑い日の外出では、利用者が汗で身体を冷やしてしまうことがないように、汗をふき取ったり、日差しが強すぎる場合には、帽子や薄手の長袖シャツを着てもらうなどの対応も必要になります。

B やむを得ず雨の中を移動する際には

雨の日は濡れた路上が滑りやすくなっているために、晴天時以上に車いすの操作がむずかしくなります。また、利用者の身体が雨に濡れて体調を崩してしまう恐れもあります。雨の日は、外出日を変更するか、移動手段の再検討を提案してみましょう。

外出中に雨が降ってきた場合は、車いすごと覆うことができるレインコートを着用します。ガイドヘルパーも車いすのグリップをつかむ手を確保するためにレインコートを着用し、傘は使用しません。

やむを得ず雨の中を移動する際は、路面が滑りやすくなっていることを忘れず、グリップをしっかり握り焦らずに車いすを押しましょう。また、周囲の人は傘をさしているために、車いす使用者が通行していることに気づくのが遅れる場合があります。必要に応じて混雑した場所を通過する方法（160頁）を用いて、周囲に道をあけてもらうことも必要です。

Ⅲ 食事の介助

食事は生命維持のために欠かせないものであるとともに、精神面への重要な働きかけももっています。家庭内の食事は、利用者の障害の程度、体調、栄養面、嗜好性などを考慮してつくられ、その人を元気づけてくれます。また、外出先の食事では、ふだんは体験したことのない人との出会いや手のこんだ料理が用意され、心身ともに新しい、よい刺激を得ることができます。しかし、障害者にとって、食事をとることは誤嚥や窒息などの事故の危険をともなうことでもあります。利用者が常に楽しく、安心して、満ち足りた食事をとることができるように、ガイドヘルパーは適切な介助方法を知っておく必要があります。

●食事の際の正しい姿勢／・深く座ります・足は床にしっかり着けます・ひざはなるべく直角になるように曲げてもらいます。

■図8-5

§1 誤嚥や窒息などを防ぐ食事の正しい姿勢

食物がのどを通りやすく、誤嚥などの危険が少ない正しい食事の姿勢は、い

すに深く座り、背筋を伸ばし、あごを少し引き、足を床にしっかり着けて、顔は正面を向いています。頭部が後ろに反っている状態になりやすい利用者もいますが、この姿勢ですと、口の中に入った食物がのどへ流れ落ちて、誤嚥や窒息を招きやすくなります。正しい姿勢を保持することがむずかしい場合には、タオルやクッションを利用者の身体に当てて補整します。なお、食事に適したテーブルの高さは、利用者のひじがテーブルに乗る程度です。

§2 障害の状態に合わせた食器の利用

　食事の際には、障害の状態や程度に合わせた必要な器具を用意しましょう。たとえば、持ち手を固定することができるホルダー付きのスプーンやコップ、ピンセット型のはし、柄が太くなっていて握りやすいスプーンやフォーク、エプロンなど。使い慣れている器具があるかどうか、利用者に確認し、必要な場合は外出時にも携帯しましょう。

§3 障害に合わせた食物形態

　利用者がいろいろな食物を摂取するためには、食物を口の中にとりこみ（補食）、食物をかみくだき唾液と混ぜ合わせ（咀嚼）、かみつぶした食物を飲み込む（嚥下）という過程を必要とします。ガイドヘルパーは、利用者の食生活においてこうした過程のどの機能に問題があるかを確認し、それに合わせた食物形態や、食物の硬さ・大きさ・粘稠度等の調理の工夫を考慮していきます。

　こうした食物形態・再調理の工夫と気配りが、利用者の誤嚥や窒息などの事故を未然に防ぎます。外出先で利用するレストランなどが決まっている場合は、事前に利用者のための調理上の工夫などについて相談しておくとよいでしょう。

　再調理には①きざむ、②とろみをつける、③ペースト状にする、などの方法

があります。咀嚼の機能に問題があったり、嚥下が困難な人には、おかゆやヨーグルトなどゴクンと飲み込みやすいものが適しています。水分の足りないものや粘りけのないものは、片栗粉やコーンスターチを使って再調理し、ペースト状・粘りけ・とろみ・なめらかさがあるものにするとよいでしょう。

　補食ができて、軟固形の食物を自力でつぶし飲み込める人には、豆腐やプリン、かぼちゃの煮付けなど、おしつぶした軟固形食がよいでしょう。ただし、そうした人でも口の中でつぶした食物を唾液とまぜ合わせて飲み込みやすくすることは一仕事ですから、調理の段階でとろみをつけて飲み込みやすくします。

　補食、咀嚼、嚥下ができる人は、食物をかんで飲み込むことができるわけですから、歯でかめる硬さや大きさのものにしましょう。

　ただし、咀嚼や嚥下に障害がなくても、飲み込みにくいものには注意が必要です。かみ砕けない食品、かまぼこなどの練り製品のように弾力があって口の中ですりつぶすことがむずかしい食品、ワカメのように口の中にはりつきやすい食品、ほぐした魚などの水分が少ない食品、コンソメスープなどサラサラした液状の食品、さまざまな食感の食品が混ざっているもの、カステラのようにパサパサして口の中の水分を奪うような食品などは、誤嚥や窒息の事故を引き起こす危険性が高いので十分に注意します。

§4 外出先での食事介助の留意点

　ふだんの生活とは異なる環境で食事をすることは、緊張をともないますが、よい気分転換にもなります。外出先で飲食店を利用する場合は、店内の移動や食事の内容、食物形態など、さまざまな問題をクリアしていく必要があります。最初は、外出計画の一環として、利用者が食べ慣れているものを携帯して公園などで軽食をとる練習を始めてみるのもよいでしょう。ガイドヘルパーは利用者や家族と摂食可能な食物形態や必要な食事時間などを話し合い、無理のない外出計画を検討するように心がけましょう。

A 野外での食事は次の点に注意しましょう

①**快適環境のチェック**：公園などの開放的な空間で食事をとる際は、場所や環境や気温などにも配慮が必要。車いすやベンチや芝生などに腰かけるときは食事に適した姿勢（186頁）を忘れないように。必要に応じて、タオルやパッド、座位保持装置を利用します。トイレや手洗い場が近くにあるかどうかの確認も行いましょう。

②**必要な器具の持参**：食事を再調理するために、増粘剤やすり鉢、裏ごし器などを持参すると便利です。利用者が使い慣れているスプーンやフォーク、はし、コップなども持参しましょう。

③**安全な食事の準備**：食事を持参する場合は、衛生面にも留意しなければなりません。再調理した食品はいたみやすいので、夏場はできるだけ食べる直前に再調理することを原則とし、保冷剤やクーラーボックスを使用します。

④**利用者の状態観察・見守り**：野外では体温の変化などを利用者の様子を見守り、異常があれば、衣服の着脱や屋内への移動を検討しましょう。食事の進み具合、水分摂取状態等にも気を配り、誤嚥や窒息のサイン（むせる、呼吸が苦しそうな表情をする、首をしめるような動作をするなど）を観察します。

B レストラン等での食事は下調べも大事です

①レストラン等で食事をする場合は、下見や下調べが必要なこともあります。店の出入口・店内スペース・車いす移動・テーブルの高さ・メニュー（料理の再調理は可能か）・トイレの使用等を確認しておきましょう。

②店内で席につくときは、テーブルの手前まで来たら、エレベーター内での横移動の要領（169頁）で、後輪を少し浮かせた状態で横に移動します。横移動で適切な位置に移ると、スペースを使うことなく席の位置に車いすを停止できます。

③メニューは利用者自身が選択。コミュニケーションに障害がなければ、店員とのやりとりも原則として利用者に任せましょう。運ばれてきた料理の食物形態を確認し、必要に応じて再調理をします。

Ⅳ 排泄の介助

　排泄は人間の自然な行為であり、きわめて個人的なプライバシーに属するものです。介助される側もする側も、排泄の世話を望む人はいません。ガイドヘルパーは介助される人の身になって、利用者の精神的負担や苦痛などをできるだけ少なくするように心がけましょう。車いすを使用している利用者の中には、トイレまで誘導すれば自立して排泄を行うことができる人もいますが、排泄にかかわる行為の一部に介助を必要とする場合もあります。利用者それぞれの障害の程度と必要な介助内容について、ガイドヘルパーは十分に把握することが大切です。

§1 排泄介助を受ける障害者の心理

　排泄の世話を受けることは、それだけでストレスとなります。排泄そのものは自然現象であり恥ずべきことは何もありませんが、「他人の手を借りて……」というつらい気持ちを持たない人はいません。

　したがって、排泄の介助に際しては、利用者のプライバシーと自尊心に配慮することが大切になってきます。また、その人の障害の程度・状態に合わせてできるかぎり利用者が自分で排泄できるように介助しましょう（図8-6）。

　また、介助においては排泄時の清潔や排泄物の状況及び健康状態についてチェックしておきましょう。利用者が不安をもたず安全で快適な排泄ができることは、食事とともに健康な生活を

●利用者の排泄中、ガイドヘルパーは部屋やトイレから出ることが原則です。

■図8-6

維持するうえで大変重要なことです。

§2 介助を行う際の心理的配慮

　車いす使用者の排泄手段は、障害の程度によって、車いすからトイレへの移乗介助だけが必要な人や、膀胱留置カテーテル、ストーマ、おむつ、尿器を使用している人などさまざまです。ガイドヘルパーは、事前に利用者や家族から利用者の排泄手段の説明を受け、介助のポイントを確認し、適切な介助方法を身につけておきましょう。

　障害者が排泄の介助を受けるときは、心理的葛藤と介助への遠慮から、外出前や外出中に飲食を極端に控えたり、尿意・便意をがまんしてしまうケースがあります。その結果、排泄に失敗してしまうこともあります。したがって、利用者のストレスを少しでも軽減することがガイドヘルパーの重要な課題となります。いちばん気にしているのは利用者自身であることを理解し、思いやりのある態度で接するように心がけましょう。

　利用者自身が尿意・便意を知らせてくれる場合は問題ありませんが、自分から尿意・便意を訴えることができない、または訴えることをためらっている利用者に対しては、ガイドヘルパーが「トイレがありますが、利用しますか？」などと声をかけたり、落ち着きがなくなったり、腰を上げたりする利用者の行動を観察することで、適切なトイレ誘導をするように心がけます。また、利用者が飲食を控えている場合は、脱水状態にならないように水分をとることを勧める必要もあります。

§3 排泄介助の具体的な方法

A 排泄手段のいろいろ

　障害者の排泄の手段には、洋式トイレを使用する場合のほかに、おむつ、カ

テーテル、ストーマ、尿器の使用などさまざまなものがあります。

おむつにも紙製のもの、布製のもの、尿取りパッド、パンツ式のものなどいろいろな種類があります。ガイドヘルパーは、利用者が使用しているものの取り扱いを事前に確認しておきましょう。

カテーテルは排尿障害のある人が使用します。留置カテーテルは尿道から膀胱にカテーテル（管）を挿入し、尿が収尿袋にたまるようにしてあるものです。カテーテルの交換は医師の指示に従い、看護師が行います。

ストーマとは、直腸がんや腸の炎症などにより肛門から排便することが困難な人に対し、腹部につくられた人工的な排泄口で、永久的なものと一時的なものがあります。

収尿器には、男性用と女性用があります。女性用は、尿器を外尿道口と膣口の下に当てる広口のタイプで、男性用は、尿器の受尿口に陰茎を入れるタイプのものです。

B 排泄介助の方法

排泄介助は、利用者と同性のガイドヘルパーが行うことが望ましいです。やむを得ず異性が介助を行う場合には、利用者の了承を得ると同時に、トイレを使用している周囲の人に異性がトイレに入ることを伝えましょう。

(1) トイレでの介助

トイレでの介助は、次の手順で行います。
①車いす用のトイレ、または洋式トイレの便器の近くに車いすを停止させ、ブレーキをかけます。
②車いすのフットサポートをはね上げ、利用者の足を床に下ろします。
③車いすから便座への移動が難しい人は、ガイドヘルパーが利用者と向かい合う位置に立ち、両手を利用者のわきの下と腰に回し、臀部を手前に移動させ、利用者のひざをまたぐようにして患側のひざを押さえます。

障害の程度によって介助の内容が異なることと同様に、この動作も障害の程度によって大きく異なってきます。立位をとることが可能な人にはガイドヘルパーの肩や手すりにつかまってもらいます。健側に手すりがない場合は、ガイ

ドヘルパーが便器の横に立ち、利用者の身体を支えて立位をとる介助をします。

④利用者の身体が前のめりになる状態で、ガイドヘルパーが利用者の腰を持ち上げます。このとき、ガイドヘルパーは腰を痛めることがないようにひざを曲げ、重心を落としておくことが必要です。立位が可能な利用者に対しては、腰を持ち上げるような介助は必要ありません。

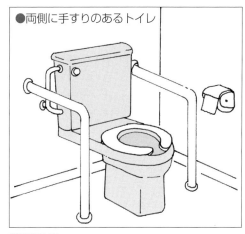

■図8-7

⑤利用者の足を回転軸にして腰を便座の上に移動させ、静かに下ろします。

便座の上に利用者の腰が移動したことを確認し、床に落ちてしまうことがないように注意したうえで静かに腰を下ろします（図8-8）。

■図8-8

⑥下衣を脱ぐ際の必要な介助を行い、姿勢を修正します（184頁参照）。

このとき、ガイドヘルパーは利用者の衣服の裾が床につかないように注意し、必要に応じてたくし上げます。

姿勢が安定するように臀部の位置を修正し、前傾姿勢にならないようにします。臀部の位置を修正するときは、利用者の皮膚が傷つくことがないように腰を浮かせる形で介助しましょう。

排泄中は個室の外に出ていることが原則ですが、排泄中も見守りや、そばで姿勢を保持する必要がある場合は、利用者の身体の露出している部分にタオルなどをかけ、利用者の羞恥心を軽減させるような配慮を心がけましょう。

⑦必要に応じて、排泄後の処理を介助します。

排泄後のトイレットペーパーを取る、陰部を拭き取るなどの動作は、事前にどの程度の介助が必要か確認しておきます。陰部を拭くときは前から後ろに向かって拭き、大腸菌が膣や尿道に感染しないように気をつけます。また、陰部を拭き取る際に強くこすると利用者の皮膚を傷つけてしまうので注意しましょう。全介助の人に対しては、陰部が濡れていないかなどを確認する必要もあります。

陰部の洗浄・乾燥機能がついているトイレを使用する利用者もいます。ガイドヘルパーは、事前に確認し、操作方法を把握しておきます。

⑧下衣を着る際の介助を行います（184頁参照）。腰を浮かせてズボンを上げ、再び便座に腰を下ろしてファスナーやベルトをしめます。

⑨車いすから便座に移乗したときと同じ要領で車いすに移乗し、手を洗います。

(2) その他

おむつを使用している利用者に対しては、おむつ交換が必要になります。外出先でおむつ交換をする場合は、使い捨てのお尻拭きや使用済みのおむつを入れるビニール袋を用意しておきましょう。

カテーテルの自己導入はトイレで行います。ストーマを使用している人に対しては、パウチ（排泄物を入れる特殊なビニール袋）内の汚物を捨てる必要があります。これは、利用者自身が行う場合がほとんどですが、全介助を必要としている人の場合はガイドヘルパーが処理します。

Ⅴ 生活（清拭、洗髪、口腔ケア等）の介護

> **COLUMN**
>
> ◆トイレ事情は事前に調べておきましょう
>
> 利用者が尿意・便意を催したときは、できるだけ速やかにトイレに誘導します。また、尿意・便意をがまんしている人に対しては、膀胱炎や便秘などのトラブルを避けるためにも、ガイドヘルパーから適切な働きかけを行いましょう。
>
> ガイドヘルパーは、外出先で利用することができるトイレの場所と利用者が必要としている介助の内容を事前に確認しておくことも大切です。
>
>
> ●ガイドヘルパーは外出先で利用できるトイレの場所や数をあらかじめ調べておくと利用者も安心できます。
>
> ■図8-9

Ⅴ 生活（清拭、洗髪、口腔ケア等）の介護

§1 清拭

清拭には、「全身清拭」と「部分清拭」があります。清拭のメリットは、身体への負担が軽いことです。一般的に体力的に入浴が困難な利用者や家庭内での入浴介助が困難な人が清拭を行います。なお、安静を指示されている利用者の場合、一気に全身を清拭すると体力を消耗するので、「胸部」「背部」「腹部」「下肢」「陰部」などに分けて行います。これが部分清拭です。

この清拭の目的には、①清潔を保持し感染や皮膚疾患を予防する、②血流を促進させ褥瘡を予防する、③全身を観察し疾患の早期発見に役立てる、④心身を爽快にする、などがあります。

通常24℃の室内に置いた3ℓの湯は、5分で約3℃下がるといわれています。清拭を行う場合、時間と温度変化を考えながら湯温調節することが大切です。

A 全身清拭

(1) 事前の準備

　①排泄を確認します。

　②その日の体調（熱、顔色、痛みなど）に気を配ります。

　③バイタルチェック：医師の指示を事前に受けておきます。

　④室温を22〜24℃にします。

　⑤空腹時や食後すぐの実施は避けましょう。

(2) 必要物品

【湯を使う場合】

- バケツ（2つ）……上半身用・下半身用
- 新聞紙とビニールシート
- 50〜55℃の湯と60〜80℃の湯（ポットorやかん）
- 湯温計
- 清拭剤（沐浴剤）
- タオル（バスタオル1〜2枚、タオル4〜5枚程度）
- 厚手のゴム手袋
- 着替え

【湯を使わない場合1】

- バスタオル（1〜2枚）、乾拭きタオル1枚
- ホットタオル4枚（顔、上半身、下半身、陰部）…沐浴剤の入った水で濡らし、かたく絞ってビニール袋に入れ、電子レンジ温める
- 着替え

【湯を使わない場合2】

- バスタオル（1〜2枚）、乾拭きタオル1枚
- 泡式清拭剤…ホットタオルに泡をのせて拭く
- 厚手のゴム手袋

Ⅴ 生活（清拭、洗髪、口腔ケア等）の介護

- ホットタオル（3～4枚）…55℃程度の湯に濡らし、かたく絞ってビニール袋に入れる
- 着替え

(3) **手順**
- 顔→両腕→首～胸～腹→両足→背中→おしり→陰部

(4) **留意点**
- タオルや着替えなどの準備を先にしておきます。
- 拭く順番を事前に決め、手際よく行います。
- 冬季は、日中の暖かい時間に実施します。
- 末梢（端っこ）から中枢（心臓）に向けて拭きます（図8-10）。
- 汗の溜まりやすい、首・脇・膝の後・臀部・しわがある部分は丁寧に拭きます。
- 関節を支えながら行います（図8-11）。

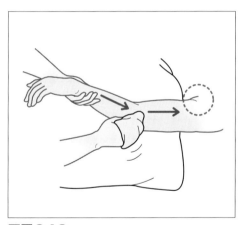
■図8-10

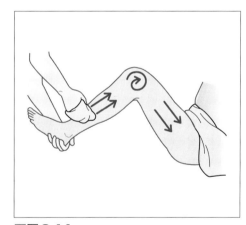
■図8-11

B 顔から耳の清拭

①ウォッシュクロスを絞り素早く手に巻きます（図8-12）。
②目⇒額⇒鼻⇒頬⇒口⇒下顎⇒耳の順に拭きます（図8-13）。
③目：目頭から目尻に向かって拭きます。
④額、鼻、頬は中心から外に向けて拭きます。

第8章　その他の介助

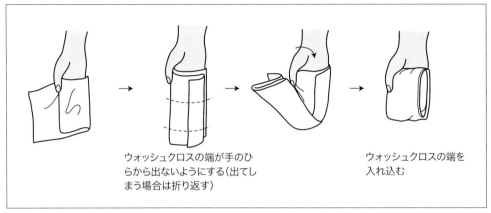

ウォッシュクロスの端が手のひらから出ないようにする(出てしまう場合は折り返す)

ウォッシュクロスの端を入れ込む

■図8-12

⑤口は円を描くようにして拭きます。
⑥下顎は輪郭に沿って拭きます。
⑦耳は人さし指にウォッシュクロスを巻きつけて拭きます。

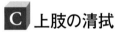 上肢の清拭

①バスタオルを上肢の下に敷きます。
②手⇒前腕⇒肘⇒上腕⇒腋窩⇒肩、の順番で拭きます。

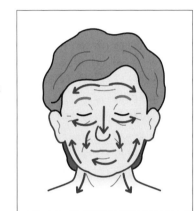

■図8-13

③関節を支えながら末梢から中枢に向かって拭きます。

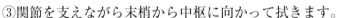 前胸部の清拭

①バスタオルで腹部を覆います。
②頸部から胸部の上側を拭きます。
③女性の乳房は形状に沿わせ円を描くように拭きます(図8-14)。
④皮膚観察を行いながら拭きます。
⑤利用者が自分で拭く場合は、覆ったバスタオルを介助者が持ち上げます。

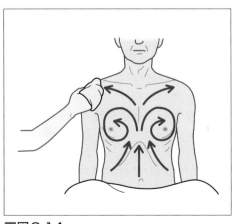

■図8-14

V 生活（清拭、洗髪、口腔ケア等）の介護

E 腹部の清拭

①バスタオルで前胸部を覆います（腹部を出します）。

②腸の走行に沿わせ「の」の字を書くように拭きます（図8-15）。

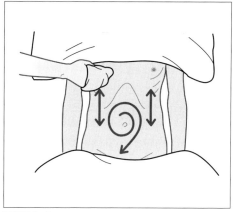

■図8-15

F 下肢の清拭

①拭く側の下肢のみ出します。

②下肢の下にバスタオルを敷きます。拭き終わったら敷いたバスタオルで覆います。

③下腿前面⇒下腿後面⇒大腿⇒足背⇒足底⇒指間、の順に拭きます。

④末梢（下）から中枢（上）に向けて拭きます。

G 背部・臀部の清拭

①安楽な側臥位にします。

②バスタオルを体の下に敷きます。

③肩甲骨部や仙骨部の皮膚の状態を観察します。

④臀部から脊柱に沿って下から上に向けた力で拭きます（図8-16）。

⑤臀部は中央から外に向けて半円を描くように拭きます（図8-17）。

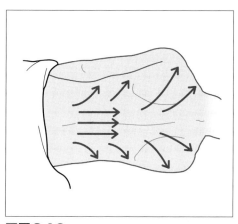

■図8-16

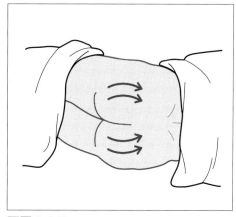

■図8-17

⑥乾拭きタオルで水分をしっかり拭き取ります。

※最後に熱布清拭（背中に蒸しタオルを乗せ、乾いたタオルまたはビニールで覆う）を行うと入浴したような温かさを感じることができます）

H 陰部の清拭

①利用者が拭けるようであれば拭いてもらいます（原則：利用者に拭いてもらいます）。

②陰部は前から後ろに拭いていきます。

③肛門は後ろに向けて拭きます。

④利用者が自分で拭いた際は、手浴等を促します（タオルまたはアルコール綿で手を拭いてもよいでしょう）。

⑤介助者が拭く場合は、ディスポ手袋を使うか拭いた後に手洗いと消毒を行う。

【男性陰部清拭の留意点】

・タオルで陰茎を持ち、包皮を下げて亀頭を丁寧に拭きます。

・重なってる部分や裏側も丁寧に拭きます。

・性器を持ち上げて股のあいだを拭きます。

【女性陰部清拭の留意点】

・拭くたびにタオルの使う場所を変えるなどして清潔を心がけます。

・陰唇を開いて、前から後へ→中心から外へ→中を拭きます（すみに汚れが溜まりやすいので丁寧に拭きます）。

I 陰部洗浄

・38～40℃の湯を入れた陰部洗浄容器を準備します（台所洗剤の空き容器でもよいでしょう）。

・指し込み便器または紙おむつを準備します。

・差し込み便器の下にビニールシートを敷きます（ビニールシートの上にタオルを引けば肌にビニールシートが当たりません）。

・露出部を大判のバスタオルで覆います。

- 陰部に陰部洗浄容器の湯をかけ、流し洗いをします（湯に沐浴剤を入れてもよいでしょう）。
- 蒸しタオルで拭いた後、乾いたタオルで拭きましょう。

§2 洗髪

　洗髪の目的は、頭皮や頭髪の汚れを落として細菌感染や皮膚疾患の予防をするだけでなく、頭皮の血行を促進させ爽快感を与えることなども含まれます。

　入浴やシャワー浴ができない利用者、または自分で洗髪ができない利用者が介助による洗髪サービスを受けることになります。座位の保てる利用者は洗髪台で行いますが、座位保持が困難な利用者の場合は、ケリーパッドや洗髪車を使って仰臥位で洗髪を行います。また、身体への負担を軽減したい場合は、ドライシャンプー剤を使って短時間で洗髪します。

（1）事前の準備

- その日の体調（熱、顔色、痛みなど）に気を配ります。
- 室温を22〜24℃にします。
- バイタルチェック、全身状態の確認をします。
- 毛髪や頭皮の汚れ具合や頭皮の異常の確認をします。
- その日の状態に対応させた洗髪方法（場所・姿勢など）の確認をします。
- 排泄を確認します。

（2）必要物品

●仰臥位の洗髪

- ケリーパッド（洗髪用パッド）
- 42〜43℃の湯が入ったバケツ（大）と汚水を入れるバケツ（大）
- 湯温計
- かけ湯（60℃程度）の入ったピッチャーまたはやかん等
- バスタオルと防水布（重ねておく）
- タオル2〜3枚
- リンスインシャンプー

- 耳栓
- ケープ
- 枕（大：膝用／小：肩用）
- 新聞紙、ビニール、雑巾
- ドライヤー、ヘアーブラシ、鏡
- 綿毛布

●座位の洗髪
- 車いす、椅子
- 洗髪台、洗面台
- タオル2～3枚
- リンスインシャンプー
- 耳栓
- ケープ
- ドライヤー、ヘアーブラシ、鏡

（3）手順（仰臥位洗髪）

①室温調整、ベッドの高さの調整など洗髪の環境を整えます。

②手順を考えて物品を配置します。

③体位を整えます（身体を斜めにして、膝と肩に枕を当てます）。

④頸部に防水布とバスタオルを重ねたものを敷きます。

⑤首に蛇腹に折ったバスタオルを差し込みます。

⑥バスタオルの上にケープをつけます。

⑦ケリーパッドを頭部に差し込みます（図8-18）。

⑧ビニールの上に新聞紙を敷き、その上に汚水用のバケツを置きます。

⑨ケリーパッドの端を汚水用バケツに入れます。

耳栓をします⇒髪をヘアーブラシでとかします⇒ピッチャーの湯（40℃程度）で髪を濡らします⇒シャンプーで洗います⇒手で泡を除去します⇒タオルで泡を除去します⇒シャンプーを洗い流します（ピッチャー：

■図8-18

40℃程度の湯)⇒タオルで髪を拭きます⇒耳栓、ケリーパッドを取り除きます⇒ケープを外し首のバスタオルを広げて頭部をくるみます⇒水分をしっかり拭き取ります⇒ドライヤーで髪を乾かします⇒ヘアーブラシで髪を整えます

(4) 留意点

- 湯温は利用者に決めてもらいます。
- 体位について苦しくないか等確認しながら行います。
- かゆみの有無、湯温などについて声をかけ続けます。
- 洗髪終了後、体調の状況を確認すると共に安楽な体位(姿勢)にします。
- あまり強くブラシをかけないよう注意しましょう。
- 後頭部、側頭部、耳の周辺などの皮膚状態をしっかり観察します。
- 地肌をしっかり乾かします。
- 室温はやや高めにします。
- かゆみを訴える高齢者には、つばき油などを地肌にぬります。
- 力を入れすぎた洗い方やシャンプーの洗い残しなどもかゆみの原因になりますので注意しましょう。
- 介助者は、洗髪前と洗髪後に手をしっかり洗います(消毒も行います)。

●ドライシャンプー剤の洗髪

(1) 必要物品

- ドライシャンプー剤
- 40℃程度の湯の入った洗面器
- ビニール、新聞紙
- ヘアーブラシ
- ケープ
- タオル(2枚)
- ドライヤー、鏡

(2) 手順

①方法等を説明して了解を得ます。
②安楽な姿勢になってもらいます。

③ケープをつけます。
④ヘアーブラシで髪をとかします。
⑤ドライシャンプー剤を手に取り、頭皮・頭髪にまんべんなくつけます。
⑥頭皮をマッサージします。
⑦湯につけて絞ったタオルで頭皮・頭髪を拭きます（図8-19）。
⑧タオルで水分を拭き取ります。
⑨ドライヤーで乾かし、ヘアーブラシで髪を整えます。

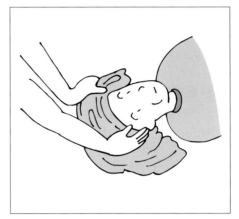
■図8-19

§3 口腔ケア

　口腔ケアは、口腔内の清潔を保持するだけでなく、誤嚥や感染症などの予防、発語機能の向上などを目的として行われます。なお、高齢者の口腔ケアは、咀嚼・嚥下機能の低下の予防、嚥下性肺炎の予防、口腔内の乾燥の予防なども主な目的になります。また、良好な状態で食することは、より良く生きることにつながります。口腔状態が悪化すると身体全体に影響を及ぼすため口腔ケアは非常に重要なケアです。

（1）事前の準備

　口腔ケアの介助が必要となった利用者には、口腔ケアを手伝うことの必要性やその方法などを十分説明してから行いましょう。

（2）口腔ケアのポイント

・口腔内をチェックします（口内炎・歯肉の腫れ・義歯による傷などの有無をチェックします）。
・介助は最小限にとどめます（義歯の装着・歯磨きは、できるかぎり本人

が行います)。
- 利用者の状況に応じた自立を促す自助具を工夫します。
- 仕上げ(口腔内確認を含む)は、介助者が行います。
- 誤嚥に注意します(寝たきりで嚥下機能が低下している場合は、横向きで水分の使用を少なくした口腔ケアを行います)。
- まひのある人は、まひ側を上にします。
- 口腔内の乾燥に注意します(唾液の分泌を促進する舌体操や嚥下体操などを行い抗菌作用や洗浄作用を上げます)。
- 便利なケア用品(スポンジブラシ、歯間ブラシ、舌ブラシなど)を活用し、効率のよい口腔ケアを行うことで利用者の負担を軽減します。

(3) 留意点

- 認知機能の低下している高齢者の場合、拒否する可能性がありますが、さまざまな工夫を行い、利用者が口腔ケアを気持ちよいと思い、習慣的に行えるような支援をしていきましょう。
- 義歯の人は、歯肉や舌を清潔にすることも大切です。水歯磨きやスポンジ歯ブラシなどを使って清潔を保つよう促しましょう。
- 洗面所に行けない人はガーグルベースン(うがい受け)などを使ってベッド上で口腔ケアを行いましょう。
- 刻み食やミキサー食を食べている利用者の口腔内には食べかすが残りやすくなっています。うがいができない場合は、指や割り箸にガーゼを巻いたものやスポンジブラシで残渣物を取り除きましょう。

第9章 緊急時の対応

I アクシデントが発生した場合の対応

　車いすで外出したときに、アクシデントが起きた場合には、ガイドヘルパーは、迅速かつ適切な判断と手当てを施さなければなりません。利用者の外出時に起こりうるアクシデントを予測し、対応策を日頃から十分に体得しておきましょう。

　容態の急変や事故といった何らかのアクシデントが発生した場合は、次のように対応します。

①症状を見ます：急に倒れたときは、その背後にいろいろな病気がかくれているものです。まず、意識があるかどうかを見ましょう（図9-1）。

■図9-1

　全身状態をチェックし、ケガの箇所や程度・症状を観察します。意識がない場合は、なるべくそのままに寝かせておきます。無理に起こしたり、身体をゆすったりしないで安静にしてください。

②救急車をよびます：緊急の場合で救急車をよばなくてはならないときは次の点に注

■図9-2

意して情報を正確に伝えることをこころがけましょう。

　119番に電話をかけて「救急です」といいます。住所・氏名・患者の年齢や症状、現在位置の場所を落ち着いてしっかりと伝えます（図9-2）。また、救急車が来るまでに何をしておくべきか指示を受けておくとよいでしょう。

③応急手当てをします：救急車が来るまでに指示を受けて必要と思われる手当てを施します。

　意識がないときは、回復体位をとらせ、呼吸しやすいように、あごを突き出させて気道を確保します（図9-3）。嘔吐して口の中に物がつまっているときは指でかき出してください（図9-4）。

④症状の報告をします：原因やアクシデントの発生時刻、現在の状態、現在の症状がどのくらい続いているのか、施した処置、主治医についてなどを救急隊員などに報告します（図9-5）。

⑤事業所、家族への連絡をとります：医療的処置を終えたら、速やかに事業所、家族に連絡します。

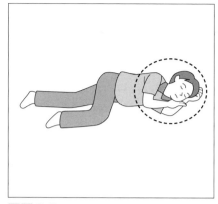
■図9-3

●口の中に物がつまっているときは指でかき出します。
■図9-4

●患者の状態、応急手当ての内容、持病の有無等を救急隊員に報告します。
■図9-5

II 応急処置

A 心肺蘇生法

　最初に声をかけたり肩を軽くたたいて意識の確認をします。このとき、強く身体をゆすってはいけません。意識がなく、呼吸の有無を確認して呼吸をしていない場合や正常な呼吸がない場合は、すぐに救急車をよび、心肺蘇生を始め、ＡＥＤの手配を依頼します。そして、胸骨圧迫心臓マッサージと人工呼吸を行います(図9-6)。感染症を考慮し、心臓マッサージのみを行うこともあります。

　胸骨圧迫心臓マッサージの位置の目安は、胸の真ん中または乳頭と乳頭を結んだ線の胸骨上です。その上に手のひらを当て、胸骨が5cm程度沈むくらい圧迫し、毎分100〜120回の速さで繰り返します。心肺蘇生を効果的に行うためには、胸骨圧迫心臓マッサージ30回→気道確保→人工呼吸2回の順に胸骨圧迫心臓マッサージと人工呼吸を組み合わせて行います。

　気道確保は、空気が肺までスムーズに届くようにすることです。まず、相手の額に手を当て、もう一方の手をあごに添えて頭を後ろにそらせます。額に当てた手で頭を後ろに反らせた姿勢を支えて保ちます。

　人工呼吸の方法は、相手の鼻をつまみ、約1秒かけて息を吹き込みます。胸が膨らんで肺に空気が届いていることを確認します。

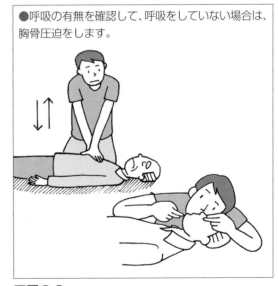

■図9-6

　救助者が疲れると圧迫が不十分になるので、胸骨圧迫の役は交代して行います。この心肺蘇生は利用者から何らかの応答などが現れる、または救急車が到着するまで繰り返します。ガイドヘルパーは、応急手当の講習を受け、心肺蘇

第9章　緊急時の対応

B　気道内異物の除去

　気道内に異物が入った場合、まずは本人に咳をしてもらい、自力で出すことを促します。それでも出ないときは背中をたたきます。立位、座位の人の背中をたたいて気道内の異物を除去する場合、頭を低くしてもらい、一方の手で相手の胸を押さえ、もう一方の手で左右の肩甲骨の間を繰り返したたきます（背部叩打法）。寝ている人は横向きにしてから、左右の肩甲骨の間をたたくようにしましょう。

　胸腹部を圧迫して気道内の異物を除去する場合、利用者を長座位の姿勢にし後ろから抱きかかえるような形で上腹部の前（へその上）で手を組み、瞬間的に強く引きしぼります（ハイムリッヒ法〈腹部突き上げ法〉）。^{注)}寝ている人は側胸部下方に手を置き、胸部を急に強く引きしぼるように圧迫します（図9-7）。

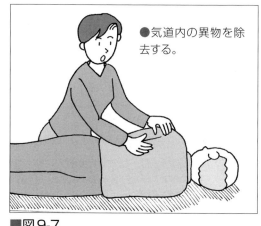

●気道内の異物を除去する。

■図9-7

　注）腹部突き上げ法は乳児や妊婦には適用できません。

C　脳血管障害（脳卒中）

　倒れた場所から動かさずに安静にし、直ちに医師の診療を受けさせます。頭部と胴体を水平に保ち、頭部が動かないように注意しましょう。また、身体を横向きにして気道を確保するなどの嘔吐による窒息を防ぐ手当ても必要です。

D　骨折

　骨折の箇所を確認し、副木を当てて患部を固定します。副木は、骨折部が動くことを防ぐために上下および身体に当てる支持物のことで、患部の上下の関節を含める十分な長さ、強さ、幅があるものが適切です（図9-8、9）。

●副木は、上腕骨、前腕骨とも上肢はひじを曲げて身体に固定するか、頸から吊るしますが、骨が露出している場合はそのまま傷をガーゼで覆って固定します。

■図9-8

●骨折した手足が動かないように保護し、痛みを和らげ、変形を元の状態に戻しておくという意味から、副木を当てます。

■図9-9

E 中毒

　主治医や医療機関に連絡し、指示を受けます。中毒の原因がわかる場合は、それを医師や救急隊員などに知らせましょう。

F 熱中症

　風通しがよく、暑くないところに運んで衣類をゆるめます。意識があり、吐き気や嘔吐がない場合は、水分と塩分またはスポーツ飲料を摂取させましょう。体温が高くなっている場合は、水で全身の皮膚をぬらしたり風を送ったりして体温を下げる必要があります。皮膚が冷たいと感じた場合は、乾いたタオルなどで皮膚をマッサージして体温を取り戻します。意識がない場合は、直ちに医療機関に搬送します。

■ **参考文献**

『介護職員初任者研修課程テキスト3 こころとからだのしくみと生活支援技術[第4版]』日本医療企画、2018年

『実務者研修テキスト8 医療的ケアの理論と実践[第4版]』日本医療企画、2019年

『ガイドヘルパー養成研修テキスト 視覚障害者移動介護従業者養成研修課程（三訂）』ガイドヘルパー技術研究会監修、中央法規出版、2003年

『ボランティアガイドブック あなたにもできる車いす介助』東京都板橋ナーシングホーム編、2001年

『もっと！らくらく動作介助マニュアル 寝返りからトランスファーまで』中村惠子監修、山本康稔、佐々木良著、医学書院、2005年

『福祉用具専門相談員講習テキスト』黒澤貞夫監修、日本医療企画、2015年

■ **参考資料**

『重度脳性まひ者等全身性障害者の移動介助 第1巻 移動介助の基本—移動介助をはじめる前に—（ガイドヘルパー養成研修ビデオ教材）』中央法規出版、2000年

『重度脳性まひ者等全身性障害者の移動介助 第2巻 移動介助の実際—車いすの介助を中心に—（ガイドヘルパー養成研修ビデオ教材）』中央法規出版、2000年

■ **編集協力**：介護福祉支援研究会／企画室（木山広実・古川俊介・伊藤慎・嶋野茂美・戸叶幸子）
■ **表紙デザイン**：おさる・森 将勝

■ 巻末資料
障害者の移動を支援する福祉サービス事業体系

	地域生活支援事業	個別給付			
	移動支援	居宅介護	重度訪問介護	同行援護	行動援護
対象者	○障害者等であって、市町村が外出時に移動の支援が必要と認めた者	○障害者・障害児（身体障害、知的障害、精神障害） ・障害支援区分1以上	○障害者（重度の肢体不自由者又は重度の知的障害者若しくは精神障害者） ・障害支援区分4以上に該当し、次の①又は②のいずれかに該当する者 ①二肢以上に麻痺等がある者であって、障害支援区分調査項目のうち「歩行」、「移乗」、「排尿」、「排便」のいずれもが「支援が不要」以外に認定されている者 ②障害支援区分認定調査項目のうち行動関連項目等（12項目）の合計点数が10点以上である者	○障害者・障害児（重度の視覚障害） 【身体介護なし】 ・同行援護アセスメント票の基準を満たす者 【身体介護あり】 上記に加えて ①障害支援区分2以上 ②障害支援区分調査項目のうち「歩行」にあっては「全面的な支援が必要」に認定又は「移乗」、「移動」、「排尿」、「排便」のいずれかが「支援が不要」以外に認定	○障害者・障害児（重度の知的障害、精神障害） ・以下のいずれにも該当 ①障害支援区分3以上 ②障害支援区分認定調査項目のうち行動関連項目等（12項目）の合計点数が10点以上である者
支援の範囲	○社会生活上必要不可欠な外出及び余暇活動等の社会参加のための外出の際の移動を支援 ○実施方法 ア個別支援型 イグループ支援型 ・複数の障害者等への同時支援 ・屋外でのグループワーク、同一目的地・同一イベントへの複数人同時参加の際の支援 ウ車両移送型 ・福祉バス等車両の巡回による送迎支援	居宅における ○入浴、排せつ及び食事等の介護 ○調理、洗濯及び掃除等の家事 ○生活等に関する相談及び助言 ○その他生活全般にわたる援助 外出時における ○病院等への通院のための移動介助や屋内外における移動等の介助又は通院先等での受診等の手続き、移動等の介助	居宅における ○入浴、排せつ及び食事等の介護 ○調理、洗濯及び掃除等の家事 ○その他生活全般にわたる援助 外出時における ○移動中の介護 ※日常生活に生じる様々な介護の事態に対応するための見守り等の支援を含む。	外出時における ○移動に必要な情報の提供 ○移動の援護、排せつ及び食事等の介護 ○その他外出時に必要な援助	○行動する際に生じ得る危険を回避するために必要な援護 ○移動中の介護 ○外出前後に行われる衣服の着脱介助など ○排せつ及び食事等の介護その他の障害者等が行動する際に必要な援助
移動の目的	○社会生活上必要不可欠な外出、社会参加のための外出	○病院への通院等のための移動介助又は官公署での公的手続若しくは障害者総合支援法に基づくサービスを受けるための相談に係る移動介助	○社会生活上必要不可欠な外出、社会参加のための外出 ※「通勤、営業活動等の経済活動に係る外出、通年かつ長期にわたる外出及び社会通念上適当でない外出」を除く	○社会生活上必要不可欠な外出、社会参加のための外出 ※「通勤、営業活動等の経済活動に係る外出、通年かつ長期にわたる外出及び社会通念上適当でない外出」を除く	○社会生活上必要不可欠な外出、社会参加のための外出 ※「通勤、営業活動等の経済活動に係る外出、通年かつ長期にわたる外出及び社会通念上適当でない外出」を除く

(社会保障審議会障害者部会(第67回)配布資料「障害者等の移動の支援について」、平成27年7月14日より)

■ 編著者略歴 ■

松井奈美（まつい・なみ）

1986年、千葉県習志野市役所福祉課に入庁。ホームヘルパーとして勤務しながら、1997年に東洋大学二部社会学部社会学科卒業。2000年、東洋大学大学院福祉社会システム専攻を修了。浦和短期大学福祉教育センター職員、浦和短期大学福祉科専任講師、新潟医療福祉大学社会福祉学部社会福祉学科講師、日本社会事業大学講師、准教授、植草学園短期大学福祉学科教授を歴任。介護福祉士、介護支援専門員。

全身性障害者の外出支援ハンドブック［第4版］
ガイドヘルプの基本と実践

2006年 4 月20日	第1版第1刷発行
2009年 2 月10日	第2版第1刷発行
2010年 9 月22日	第3版第1刷発行
2015年 8 月18日	第4版第1刷発行
2022年11月24日	第4版第5刷発行

編 著 者　松井　奈美
発 行 者　林　諄
発 行 所　株式会社日本医療企画
　　　　　東京都中央区八丁堀3-20-5 S-GATE八丁堀
　　　　　TEL.03-3553-2861（代）
印 刷 所　図書印刷株式会社

ISBN978-4-86729-185-6　C2036
定価は表紙に表示してあります。
©Nami Matsui 2015, Printed and Bound in Japan
本書の全部または一部の複写・複製・転訳等を禁じます。
これらの許諾については小社までご照会ください。